El Libro de las Buenas Maneras

Claves básicas del saber estar

Bárbara Pañeda

© 1998, Editorial ÁGATA
© Bárbara Quirós
C/ San Rafael, 4
28108 Alcobendas (Madrid)
Tel.: 91 657 25 80 - Fax: 91 657 25 83
e-mail: libsa@libsa.redestb.es

Depósito Legal: M-24759-1998
I.S.B.N.: 84-8238-320-5

Impreso en España/*Printed in Spain*

Sumario

Página

Introducción

Este libro trata de poner al día la forma tradicional de relacionarnos unos con otros, hoy sujeta a nuevos modelos de convivencia. Saber qué hacer en cada momento es un arte que ya no se enseña, como antes, en escuelas de buenas costumbres. De aquí la innegable utilidad de este manual práctico.

Dado que nuestras relaciones se desarrollan en tres ámbitos fundamentales —el social, el familiar y el laboral—, hemos dividido este tratado en otras tantas partes, exponiendo en cada capítulo cuantas situaciones puedan darse en los distintos actos, celebraciones y eventos que generalmente vivimos. Unas veces como protagonistas y otras como invitados o asistentes a esos acontecimientos, nuestro papel debe responder a unas pautas preconcebidas para que todo discurra según se desea.

Cada apartado tiene como cierre un conjunto de sugerencias y consejos prácticos, cuyo objetivo no es otro que el de ayudar a reflexionar en torno a los temas propuestos. Esperamos haber iluminado muchas de las dudas que la vida social de nuestro tiempo plantea.

Las Relaciones Sociales

1. Las Relaciones Sociales

A simple vista, convivir socialmente y hacer vida social parecen una misma cosa. Pero lo cierto es que hay sutiles diferencias en ambos conceptos. Así, mientras la convivencia en la sociedad es prácticamente inevitable —y deseable—, la vida social puede quedar reducida a una participación estricta en acontecimientos extraordinarios.

De hecho, compartir con familiares, amigos y vecinos aquellos momentos clave de nuestra existencia —festivos o no—, es la forma actualizada de la vida social clásica o de antaño. Las costumbres, adaptadas al ritmo de los tiempos, responden a contenidos semejantes y lo que sin duda ha cambiado es el estilo, la forma de comportarse en sociedad.

En este primer apartado veremos con todo detalle qué hay que saber para "estar al día" en los distintos ambientes donde, como organizadores o invitados, nuestra presencia sea imprescindible o requerida, según la posición que nos corresponda.

De la correcta interpretación del conjunto de sugerencias y consejos que cada situación demanda, dependerá nuestro éxito o nuestro fracaso personal en esa comunicación con los demás que significa la convivencia social.

La reunión en casa

Antes de tomar una decisión tan importante como la de organizar una reunión doméstica, dos son las cuestiones básicas que se han de tener en cuenta. La primera, si disponemos de espacio suficiente para recibir en casa a nuestros invitados. La segunda, qué número de personas podemos atender para que la reunión no se convierta en un fracaso.

En cuanto al tipo de reunión, ésta puede tener un carácter formal y desarrollarse por tanto en un ambiente estricto, con almuerzos o cenas servidos en la mesa, o bien un carácter informal, llevándose a cabo en forma de cóctel, que no excluye la disponibilidad de sitio para que tomen asiento los invitados que así lo deseen.

Estas recepciones o "fiestas de pie" tienen algunas variantes, definidas por una escala de menos a más según se trate de aperitivos a media mañana, de tés o cafés a media tarde —sin olvidar las típicas meriendas— o de las clásicas tertulias con café y copa que pueden prolongarse hasta altas horas de la noche.

Aunque entraremos en su desarrollo más adelante, recordemos ahora que en cualquiera de esas variantes del *lunch* anglosajón tienen cabida un sinfín de manjares, tanto los que se consumen durante el desayuno como otros muchos productos elaborados y dispuestos para hacer del aperitivo una amplia antesala del almuerzo, si la reunión tiene lugar a media mañana, o de la cena en calidad de "abrir boca", expresión que anticipa la degustación de un menú en consonancia.

A excepción de los llamados "desayunos de trabajo", las reuniones en torno a los alimentos matutinos invitan más a la charla informal que a otros planteamientos. En cambio, el aperitivo de mediodía o el café y la copa de media tarde, son momentos propicios para conversaciones más serias.

Ambos tipos de reunión, de menor importancia que el cóctel, admiten una amplísima gama de productos para "acompañar": canapés, jamón, queso, aceitunas, frutos secos...

Invitación a un cóctel

Las ocasiones para la celebración de un cóctel son cada vez más numerosas, y la fórmula cuenta con una aceptación social generalizada. El cóctel sirve para todo tipo de actos, ya sean de carácter colectivo o individual.

Inauguraciones, presentación de libros, exposiciones, onomásticas, aniversarios, fiestas de temporada, pases de moda, estrenos de espectáculos, entre otros eventos, han convertido este género de reunión en una de las celebraciones favoritas.

En la variante personal, el cóctel también sirve para homenajear a un amigo por algún éxito profesional, para celebrar un ascenso, un premio o una distinción, o cualquier motivo que merezca la pena ser recordado más tarde con la alegría del momento.

Enviaremos las invitaciones por correo, pero no es incorrecto hacerlas por teléfono. Incluso la práctica viene demostrando la eficacia de esta última forma de comunicación, que establece el compromiso previo con un margen de error mínimo.

La comunicación escrita parece exigir una respuesta, comprendida en las siglas S.R.C. (se ruega contestación), cuya formalidad y rigor se soslayan gracias al teléfono.

Lo verdaderamente importante viene después, es decir ,los detalles.

¿Qué bebidas se sirven en un cóctel?

Aunque el vocablo *cóctel* —españolización del inglés *cocktail*— hace referencia a un combinado de bebidas y condimentos, también designa un determinado tipo de reunión social en cuyo desarrollo no suelen estar presentes esos combinados. En todo cóctel ha de haber, fundamentalmente, whisky, vermut, vino, jerez y cava o champán.

Naturalmente pueden servirse otras bebidas alcohólicas, pero en ningún caso han de faltar los zumos y los refrescos, incluidos los "sin", en clara referencia al azúcar y al nivel calórico de su ingestión.

Salvo en situaciones excepcionales, no es aconsejable la preparación de combinados. Su elaboración y su servicio a los invitados convierten al anfitrión en un inexperto barman, que sacrificará el tiempo debido a sus amistades en idas y venidas nada gratificantes.

¿Y para acompañar?

Casi por definición, el cóctel se halla comprendido en las denominadas "fiestas de pie", tipo de reunión informal que impone normas sencillas y de fácil resolución.

En consecuencia, todos los manjares que acompañan las bebidas han de poder comerse sin cubiertos. Más aún, con una sola mano, puesto que la otra sujetará el vaso o la copa, sin olvidar que de vez en cuando habremos de estrechar la de un conocido o devolver el saludo a quien nos tiende la suya.

La solución a este aparente conflicto está en el tamaño de los canapés, croquetas, panecillos con jamón, hojaldres, calamares y gambas rebozados, entre otras exquisiteces dulces o saladas, de cuya amplia repostería hay tanta abundancia como gustos.

Así pues, fijemos nuestra atención tanto en la variedad como en el tamaño de los manjares, siendo esta característica la que facilitará la perfecta sintonía entre las bebidas, los saludos y el inconveniente de platillos o bandejas engorrosos.

Hagamos de los formatos "mini" nuestros mejores aliados, evitando en lo posible productos grasos y cremosos.

¿Qué formalidades hay que observar?

Como toda reunión informal, el cóctel se caracteriza por la sencillez de su desarrollo. De hecho, no hay normas de comportamiento riguroso, empezando por la hora de llegada, que no se entiende exacta incluso por conveniencia: evitaremos así una embarazosa aglomeración en las puertas de acceso.

En consecuencia, los anfitriones no tienen por qué permanecer atentos a la llegada de todos y cada uno de los invitados.

La reunión adquirirá mayor soltura en la medida en que el acto puede dar comienzo al margen de los rezagados, no siendo preciso que estén todos para empezar a servir.

Una vez expuesto el motivo principal de la reunión y hechos los honores al invitado de honor, el cóctel sólo requiere la presencia del número de convocados preciso para que la reunión sea animada.

Puede suceder que algún invitado se vea en la necesidad de abandonar la reunión por causa de otros compromisos. A la hora de marcharse, tanto quienes lo hagan con premura como los que se queden hasta el final, deben buscar el momento adecuado para despedirse de los anfitriones, unos discretamente y los demás poco a poco, dando a la conclusión de la fiesta un sentido cordial.

No es correcto marcharse de improviso y mucho menos hacerlo sin una breve explicación.

La cena-buffet: sus ventajas

El servicio doméstico es ya historia en la mayor parte de las casas. Su característica permanencia ha sido sustituida por otras fórmulas de contratación, muy útiles a la hora de contar con la ayuda necesaria en momentos clave.

La ausencia de ese servicio no impide la apasionada aventura de invitar a un grupo de amigos, adoptando el papel de anfitrión con la sana pretensión de, además, compartir la fiesta.

Aquí es donde entra la ayuda de una persona —preferible con experiencia—, a quien confiemos tareas como las de servir y retirar los platos, la recogida de restos y otras funciones, como las de guardarropa o de limpieza. Hay agencias especializadas en este tipo de servicios y su contratación por unas horas nunca es demasiado costosa.

Con estos antecedentes no es difícil organizar y llevar a buen puerto un determinado género de reunión, de cuya aceptación podría dar fe la creciente estadística de sus celebraciones. Nos referimos a la cena-buffet.

La cena-buffet puede definirse como un paso adelante del cóctel. Se trata, pues, de una cena —como su nombre indica—, pero caracterizada por su informalidad en cuanto a la etiqueta. En otras palabras: después de un cóctel, se puede cenar; después de una cena-buffet, no.

Esa característica —la informalidad—, viene dada por el hecho de que, aunque la cena se lleva a cabo sentados, existe cierta movilidad que contribuye a la formación espontánea de grupos. Estas ventajas redundarán en otras, como la presentación de personas determinadas, el intercambio de opiniones y el establecimiento de nuevas relaciones.

Si la reunión se celebra en un salón de cierta amplitud y los anfitriones toman la iniciativa, la cena-buffet puede acabar con una apropiada música de baile y algunas parejas enlazadas.

¿Cómo se organiza una cena-buffet?

La cena-buffet tiene un comienzo, pero es difícil prever cuándo terminará. Tratándose de un tipo de reunión social muy flexible, la velada puede prolongarse tanto como dé de sí el ambiente. A ello contribuirán varios factores.

El primero y fundamental es el lugar de celebración de la fiesta. El salón de una casa de tipo medio puede albergar hasta media docena de parejas. Ésta es la razón por la cual se suelen buscar otros espacios más amplios en restaurantes, hoteles o clubes.

No obstante, hay acérrimos defensores de organizarlas en casa y disfrutar de un ambiente más íntimo en compañía de los amigos.

Ya hemos indicado que los invitados a una cena-buffet lo hacen sentados, pero no en torno a una mesa, sino ayudados de juegos de mesas y mesitas dispuestas de modo que la sensación de inmovilidad desaparezca. Estos pequeños muebles o soportes han de ser abundantes.

El contenido de los platos —después veremos su composición— no podrá resultar complicado para la disposición de los comensales, "armados" como mucho con un tenedor. Pensemos que tal vez alguien deberá servirse de sus propias rodillas para mantener el plato: no le obliguemos además a hacer raros equilibrios utilizando cuchillo y tenedor.

El buffet —tan amplio y variado como se quiera— estará situado de forma que los invitados accedan a él sin mayores dificultades, es decir, sin necesidad de esquivar obstáculos ni de realizar paseos extraordinarios. Los alimentos y las bebidas, perfectamente separados y dispuestos en bandejas, contarán con los cubiertos imprescindibles y apropiados al tipo de comida, de forma que el acto de servirse sea fácil, rápido y sencillo.

Existen dos fórmulas tradicionales de buffet: circular, de manera que los invitados se sirven —de derecha a izquierda— girando en torno a él; y adosado a una pared, sirviéndose entonces de izquierda a derecha. En un mueble aparte estarán ordenados los platos, las piezas del cubierto, las servilletas y el pan, elementos que los invitados tomarán para servirse.

La elección del sitio apropiado es totalmente libre y sólo dependerá de las afinidades de cada persona o grupo de invitados. En ningún caso debe descartarse utilizar un cojín o el suelo para sentarse, si es que faltaran asientos para todos.

Además de proporcionar un alto grado de distensión a la velada, contribuiremos a la sensación de agrado que los anfitriones querrán mantener en todo momento.

Un menú de circunstancias

Además de lo recomendado para un cóctel, la cena-buffet puede contar con un plato de mayor entidad gastronómica. Este "plato fuerte", sin otra limitación que las facilidades para su consumición, puede ser de carne o pescado y constar de una sola pieza.

Pero en ningún caso hay que descartar otras soluciones, como ensaladas, empanadillas, fracciones de tortilla, montados de jamón, lomo, queso o atún. Postres, helados, mousses y frutas variadas completarán un menú rico y diverso, apetecible a todos.

La cena-buffet está pensada para servirse más de una vez los alimentos a disposición de los invitados. No es, pues, incorrecto el típico "paso adelante y atrás" respecto al buffet. No es correcto, en cambio, "estacionarse" en las proximidades del buffet, impidiendo el libre paso a los demás comensales.

Lo dicho respecto al menú del cóctel es válido en cuanto a las bebidas en la cena-buffet. Conviene recordar, sin embargo, que al tratarse de una cena es doblemente importante la atención a los vinos de mesa.

En temporada de calor, hay vinos que se sirven fríos. Pero no cometamos el error de añadirles hielo. Una solución refrescante es la limonada o la sangría, cuyas fórmulas de elaboración se encuentran en todo manual de cocina que se precie. También es posible que algunos de nuestros invitados opten por una cerveza fría, que bien puede ocupar una cubeta con trozos de hielo junto a los utensilios de la cubertería.

En realidad, el servicio de copas propiamente dicho comienza después de la cena. El momento más indicado es el que sigue a los postres, cuando los comensales eligen un pastel, un trozo de tarta o tal vez unas pastas.

La copa después de la cena tiene un propósito —la conversación— y un desenlace —el baile—, esto último entre jóvenes sobre todo. Pero si se dispone de sitio suficiente y de un equipo musical adecuado, hasta los más reacios se sentirán irresistiblemente atraídos por los compases de un viejo tango.

16

El tipo de música dependerá, claro está, de los gustos, de la edad y del "estado de ánimo" del organizador de la velada.

La comida en casa

Tener invitados a comer en casa —almuerzo o cena— se ha convertido en una rareza, especialmente si todo el peso de la invitación cae sobre los hombros del ama de casa. Lo cierto es que sin ayuda, la iniciativa puede acabar en drama.

Lo primero que hay que hacer es un análisis minucioso de nuestras posibilidades, tanto respecto al número de comensales como al grado de formalidad del compromiso.

Dependiendo de esta última consideración, habrá que contar con una o dos personas que sirvan la mesa, además de alguien en la cocina al cuidado de guisos, preparación y acondicionamiento de platos, ensaladas, postres, etc. Todo esto, contando con el hecho de que la comida esté lista a la llegada de los invitados.

Naturalmente que "todo se puede hacer", como alguna esforzada ama de casa suele proclamar. Pero ¿a costa de cuántos sacrificios? Uno de ellos —y no el menos importante— está representado por la multiplicación de tareas de una sola persona a favor de otras, tantas y tan diversas que no le permitirán siquiera disfrutar de la compañía de sus invitados. ¿Es esto justo?

Si el compromiso es "realmente" ineludible, el procedimiento que se ha de seguir pasa por un presupuesto generoso que incluya la contratación del servicio necesario y, como solución límite, el encargo de la comida a un restaurante especializado, cuyos profesionales sustituirán con creces el esfuerzo del ama de casa.

Ahora bien, si se trata de una comida de amigos, nada mejor que implicar al mayor número de ellos en la resolución del "conflicto". Éste comenzará a diluirse en cuanto cada invitado aporte su granito de arena en la tarea de preparar, cocinar, servir y recoger —por este orden— alimentos y pertrechos antes, durante y después de la reunión.

En esta participación igualitaria reside parte del encanto de comer en casa con los amigos. También es uno de los secretos de la convivencia social.

La hora del té

Aunque los ingleses se apropiaron el rito del té, dándole categoría de acontecimiento social, el "*Five o'clock tea*" tiene tantas variantes como lugares hay en el mundo que comparten el gusto por esa peculiar infusión. De hecho, las cinco de la tarde ha dejado de ser referencia obligada a su degustación.

La hora del té, prorrogable hasta las siete de la tarde en muchos sitios, es también la hora del café, del chocolate, del mate y de cualquier otra bebida estimulante que permita el consumo de una amplia gama de productos de bollería, pretexto inseparable del hábito. Pero vayamos al contexto del acto social en sí.

La invitación a tomar el té en casa de unos amigos es un modo elegante de compartir un rato de conversación, tal vez con un motivo determinado. Sea cual fuere la razón, seamos puntuales ante todo.

Tratándose de una reunión de contadas personas, hay que pensar que los convocantes aguardarán a que sus invitados estén todos presentes antes de preparar la infusión. Esto es así de riguroso y al margen de las variaciones que presente la bebida que se ha de consumir.

El organizador, por su parte, lo tendrá todo previsto. Dispondrá, por tanto, un servicio de té completo, compuesto por tetera, jarritas para el agua caliente y la leche, azucarero —también edulcorante para los "enemigos" del azúcar—, colador, rajitas de limón, tazas, platos, servilletas y cubiertos oportunos a las exquisiteces que sirvan de acompañamiento.

Meriendas a "go-go"

Las reuniones para "el té de las cinco" suelen convertirse, con frecuencia, en auténticas meriendas-cenas, pues a los emparedados, budines, panecillos y *"cakes"*, bien acompañados de mantequilla, mermeladas y otras tentaciones, pueden seguirles canapés de variada naturaleza, tostadas e incluso pasta italiana en apetitosas porciones. Dejamos para el final la mención de las ineludibles pastas de té, sin cuya presencia la fiesta resultaría incompleta.

Todo ese universo de cosas puede distribuirse en un par de mesitas. Una para el servicio de té y otra para los acompañamientos. La disposición de estas mesitas estará orientada a la mayor comodidad de los invitados, que podrán alcanzar lo que deseen sin necesidad de incorporarse. No obstante, nunca es incorrecto pedir a un compañero de asiento "pásame la mantequilla", por ejemplo.

La duración de estas reuniones sociales suele ser breve. En todo caso, corresponde a los invitados poner término al encuentro. Los anfitriones no comenzarán a retirar el servicio hasta la despedida de sus amigos. Hacerlo en presencia de éstos supondrá tanto como insinuarles que deben marcharse.

La ceremonia del té

El ceremonial clásico del té responde a unas normas sencillas y muy concretas.

En primer lugar, corresponde a los anfitriones —la señora de la casa, el organizador de la reunión— la preparación del té, que servirá personalmente. Al hacerlo, preguntará a cada invitado cómo lo prefiere, pasándoselo ya completo de acuerdo a sus deseos.

Los invitados, por su parte, tomarán sus tazas y se servirán las porciones de pastas, de tartas o de emparedados en los platos dispuestos al efecto. No es incorrecto tomar pastas y emparedados con los dedos de la mano. La utilización de tenedores, cuchillos y palitas para untar vendrá determinada por la necesidad de su uso con los restantes alimentos.

Los invitados, por último, esperarán a que los señores de la casa se sirvan, en último lugar, para dar comienzo a la merienda. Es correcto —y frecuente— repetir tanto otra y más tazas de té, como servirse alimentos. En última instancia, los anfitriones se sentirán halagados.

Reuniones al aire libre

Con buen tiempo y la disponibilidad de un espacio abierto —terraza, jardín...—, las reuniones sociales adquieren matices y calidades diferentes. Todo multiplica sus efectos gracias a la decoración que la naturaleza presta, creándose ambientes ideales para las distintas celebraciones.

Imaginemos, pues, cualquiera de las fiestas mencionadas hasta aquí envueltas por un entorno natural, con árboles, plantas, flores, césped y alguna fuente de sonora cascada. Con estas posibilidades, adornaremos con grandes tiestos el buffet bajo el porche, distribuiremos estratégicamente los altavoces para la música y aprovecharemos el momento de la fiesta para lucir vistosos atuendos, según sea el carácter formal o informal de la reunión.

21

La ubicación del buffet bajo el porche —naturalmente que puede encontrarse en cualquier otro lugar—, sin duda obedece a un elemental principio de precaución. Las tormentas —sobre todo las del verano— siempre son una amenaza latente. De hecho hay quien dispone algún tipo de refugio para sus invitados, e incluso quien va más lejos y prevé, si el tiempo empeora de repente, que la reunión pueda continuar bajo techo.

También es útil tener a mano sombrillas o quitasoles para el excesivo calor, que en caso de humedad nocturna o de llovizna imprevista sirven como paraguas. Toldos y carpas cumplen asimismo funciones protectoras contra los elementos. Estas últimas sobre todo, acogedoras y coloristas, adornan espacios naturales y sirven para diferentes necesidades, entre las que figura la de instalar en sus interiores pequeños buffets y simpáticos refugios para un momento de intimidad. Elevadas junto a la piscina, estas recoletas carpas sirven también como vestidores.

Las reuniones al aire libre tienen la climatología como referente obligado. La fuerza del sol puede dar al traste con todos nuestros esfuerzos, de aquí la importancia de prevenir insolaciones y quemaduras, especialmente con los más pequeños.

Fiestas infantiles

Los niños suelen tener un calendario de fiestas bastante lleno. Desde que los padres celebran el nacimiento de sus hijos, cada nuevo cumpleaños de éstos es un eslabón más de la cadena de acontecimientos que enmarcarán sus vidas con recuerdos y experiencias. La infancia y su largo desarrollo propician un sinfín de sucesos importantes que es preciso conmemorar.

El cumpleaños de uno de nuestros hijos, por ejemplo, irá "complicándose" a medida que aumente su edad. Cuando ya lo celebra con sus primeros amigos de colegio, sus primos y vecinos, la fiesta infantil es casi inevitable, y a nosotros corresponde hacérsela lo más grata e inolvidable posible.

Generalmente, el punto central de este tipo de reuniones es la merienda. Pero no parece suficiente por sí misma para mantener el interés de esa docena de pequeños invitados que, por otro lado, meriendan todos los días. Hay que recurrir a las distracciones, a los juegos, al vídeo...

Si la fiesta tiene lugar en el domicilio del celebrante, el ama de casa necesitará ayuda, que puede venir de otro miembro de la familia o de alguna o algunas madres de los invitados. Esta colaboración tiene su razón de ser en una sencilla proporción, según la cual por cada diez niños debe haber una persona adulta a su cuidado.

El número de invitados a una fiesta infantil estará siempre en relación al espacio disponible, sobre todo tomando en consideración la natural movilidad de los pequeños. La inquietud de uno de ellos puede contagiar al resto y promover verdaderos tumultos. Hay que armarse, pues, de paciencia. Pero en caso alguno pretendamos que permanezcan en el sitio asignado más de lo imprescindible.

Recomendaciones previas

Durante el curso, el niño querrá invitar a sus compañeros de colegio. En vacaciones, en cambio, invitará a sus compañeros de juego. En todo caso, corresponderá a sus padres la tarea de evitar ausencias más tarde difíciles de explicar.

Así pues, tanto las indagaciones pertinentes como las oportunas invitaciones, son operaciones que se han de realizar con tiempo suficiente, contando además con las variaciones que pueden producirse, de un día para otro, en el entorno de los niños.

Lo aconsejable es cursar las invitaciones —por correo o telefónicamente— con al menos quince días de anticipación. Si el celebrante ya puede hacerlo, no está de más que invite a sus amigos de su puño y letra, sin descartar que haga uso del teléfono para ello. En este caso, la invitación será ratificada —sin que él o ella lo sepan— por alguno de sus padres.

Las invitaciones escritas —una tarjeta postal puede servir de medio— deberán contener la información más ajustada en cuanto a fecha, lugar, hora de comienzo y de terminación de la fiesta. Recordemos que los pequeños invitados no volverán solos seguramente a sus domicilios.

¿Cómo se divierten los niños?

La infancia lleva aparejado el concepto del juego. Los niños juegan solos y en compañía. Pero en ambas situaciones es preciso un cierto control. En el caso de las celebraciones festivas, a veces es necesario extremar los cuidados.

Por muy gracioso que nos parezca, no debemos consentir que conviertan los alimentos en proyectiles de lanzamiento de unos contra otros. Tampoco pasaremos por la cinematográfica estampación del rostro con pedazos de tarta, ni dejaremos que se maquillen con la crema de los pasteles. La justificación de que "un día es un día" es ciertamente insostenible.

Corresponde a los mayores prever todo género de entretenimientos para los pequeños invitados a una fiesta infantil. Esta prevención dependerá, naturalmente, de los medios y del presupuesto a nuestro alcance. La contratación de payasos tiene un precio elevado, lo mismo que la actuación de un mago, y ocasiones hay en que estos profesionales son sustituidos por aficionados en curso de perfeccionarse, cuyas tarifas resultan más asequibles.

El recurso de las películas de vídeo es siempre recomendable, aunque hay que excluir filmes de contenido violento. La proyección de dibujos animados, el pase de la película tomada con la video-cámara de la propia merienda o del comienzo de la fiesta, la propuesta de juegos de pronta realización, el inicio de los populares cuen-

25

ta-cuentos... Las soluciones son tantas y variadas que lo raro será no encontrar un pasatiempo con el que divertir a la concurrencia.

El menú infantil

La utilización de platos, vasos y manteles desechables evita accidentes y complicaciones. De otro lado, los alimentos que compongan el menú de la fiesta eludirán el empleo de cuchillos y tenedores sobre todo. El servicio ha de ser directo y exento de formalidades.

Emparedados, ensaimadas, panecillos, brioches y bizcochos, forman una batería ideal para el chocolate líquido y templado. Pero si la merienda es fundamentalmente salada, el menú constará de bocadillos variados, patatas fritas, determinados frutos secos...

Los helados no deben faltar y pueden servirse con la tarta, que si es de cumpleaños precisará de todo el rito propio de su comparecencia. En ella brillarán las velas encendidas —tantas como años cumple el celebrante—, y todos cantarán el típico "¡Cumpleaños feliz!" mientras el rey de la casa sopla con energía hasta apagarlas. Ese es el momento en que alguien le susurra al oído que pida un deseo.

Los niños gustan y degustan los refrescos con absoluto deleite. Además de zumos y "colas", sin excitantes, pondremos a su alcance batidos de frutas, de leche y cacao sin otras limitaciones que las de evitar empachos.

Los regalos

El regalo es inseparable de la presencia del pequeño invitado a la fiesta de su amigo. Más que en el valor del objeto o juguete elegido, hay que conocer las preferencias del celebrante. Una breve investigación cerca de sus padres nos pondrá sobre la pista. El único riesgo puede ser que otro invitado regale lo mismo.

Juegos de mesa, juegos didácticos, juegos de ping—pong... Juegos de tantas cosas y tan variados, que la elección no tiene por qué ser complicada. Pero hay más: libros de cuentos, muñecas, pinturas, diarios, construcciones, cochecitos...

El niño agradecerá todos los regalos con la misma ilusión. Por nuestra parte, no caigamos en el error de preguntarle ante sus amigos cuál es el que más le ha gustado... Si hay posibilidades, constituye un entrañable detalle el que los invitados se lleven un recuerdo de la fiesta, y en esto no hay que exagerar.

Bastarán unos caramelos, un gorro de papel, una miniatura sin otro valor que el de servir de recordatorio.

Recomendaciones finales

La fiesta infantil puede tener un final imprevisible, pero no hay otro remedio que atenerse al horario anunciado en la invitación. Cuando los padres acudan a recoger a sus hijos, tal vez encuentren alguno de ellos dormido en un rincón.

El cansancio y la excitación vividos en el curso de la velada no sólo afectan a los pequeños invitados. Los mayores pueden mostrar asimismo signos de agotamiento. En todo caso, la retirada debe hacerse con corrección. Debemos acostumbrar a nuestros hijos tanto a presentarse como a despedirse. Enseñarles a dar las gracias a su amiguito y a sus padres es suficiente.

El celebrante debe saber que le corresponde el papel de anfitrión y que esto le obliga a agradecer los regalos recibidos y la respuesta a su invitación. Hay maneras sencillas de hacérselo comprender. Cuando él o ella sean los invitados, sabrán cómo conducirse sin necesidad de recordárselo. Recordemos que la convivencia social se aprende en la infancia.

¿Qué deberes tiene el anfitrión?

En toda reunión social —ya hemos visto que incluso en las infantiles— hay un anfitrión al menos. Esta figura viene definida por aquella persona que, teniendo invitados, les obsequia con esplendidez. Históricamente, Anfitrión fue un rey de Tebas que se hizo famoso por la magnificencia de sus banquetes.

Las obligaciones de todo anfitrión están en relación directa a la tarea de atender a sus invitados con entusiasmo y sentido común. Con estos dos condicionamientos por delante, el resto es puramente anecdótico.

Si la reunión tiene por escenario el domicilio del anfitrión, sus principales preocupaciones se centrarán en el acomodo de los invitados, empezando por los saludos, las presentaciones y la distribución de las prendas de abrigo, y terminando por los "accidentes", las despedidas y la devolución de aquellas prendas.

A veces, en efecto, tan importante es repartir por toda la casa un número inimaginable de ceniceros como dar la bienvenida a determinado personaje. Por cierto, los incontables ceniceros sirven para depositar la servilleta usada y arrugada, los huesos de las aceitunas, un resto de comida que ha caído al suelo... También para uso de los fumadores, por supuesto.

Impulsado por el interés de que "todo" funcione y esté a punto, el anfitrión —su sexo es lo de menos— repartirá simpatía y atenciones de grupo en grupo, de sala en sala y de persona en persona si fuera necesario. En esta deslumbrante actividad cuidará incluso de que nadie quede bloqueado por encontrarse entre desconocidos, que hasta es posible que lo sean para él.

No es incorrecto preguntar por esa persona desconocida, tal vez invitada por alguno de los amigos presentes con un pretexto razonable. Sería imperdonable, sin embargo, adoptar una actitud de reproche o de rechazo, justificándose en el excesivo número de invitados.

El anfitrión cuidará asimismo del clima ambiental de la reunión, cuya moderación le corresponde mantener en sus justos niveles. Puede darse la situación de que algún invitado se exceda con las bebidas, originando quizás un pequeño conflicto. A él corresponde tomar las medidas oportunas, que pueden dar buen resultado si a la taza de café bien cargado se le añade la solución de enviarlo a casa en un taxi. La ayuda de un amigo de ambos será bien recibida por todos.

La tarea del anfitrión puede asemejarse a la de un capitán de barco, sólo que en este océano lo importante no es el mando, sino la organización. A su juicio, pues, quedará el orden de la fiesta, que no debe prolongarse más allá de los justos términos de la convocatoria. Empeñarse en alargar la reunión puede resultar desagradable para unos, inconveniente para otros e incluso embarazoso para quienes tienen compromisos que atender sin dilación.

Estos criterios se hacen extensibles a la comida y a la bebida. El anfitrión se ocupará de que haya de todo en cantidad, pero evitará obstinarse en que alguien consuma lo que no desea por el hecho de haberlo adquirido para la ocasión.

A veces, esa insistencia obliga a ofrecer explicaciones engorrosas o justificaciones íntimas que no se quieren hacer públicas. Tal es el caso de la persona que observa determinado régimen alimenticio por razones de salud o de quien tiene prohibido el consumo de alcohol. La tenacidad del anfitrión se convertirá entonces en un motivo de irritación, causa de que el invitado se sienta molesto y abandone la reunión.

Los mandamientos del invitado

Aparentemente, el invitado a una reunión social se define por sí mismo. Ha sido convocado, y basta. En la práctica, sin embargo, su papel está sujeto a ciertas normas de conducta que es conveniente conocer.

El primer mandamiento de todo invitado es la puntualidad, que es preciso observar tanto a la llegada como a la hora de retirarse.

La segunda norma se refiere a su contribución al desarrollo del acto al que ha sido invitado, que en ningún caso debe capitalizar formando un grupo cerrado de amigos o conocidos. Es aconsejable cierta movilidad e incluso ponerse a disposición del anfitrión para animar, por ejemplo, a los menos participativos. Este tipo de iniciativas sólo pueden adoptarse cuando existe suficiente confianza.

Por vía de esa misma confianza, jamás deberá abusarse del privilegio de la amistad para adueñarse del buffet o exigir de los camareros un trato especial. Produce verdadero bochorno ver a alguien lanzándose sobre los canapés con la ansiedad de un hambriento.

En el papel de invitado ejemplar —así lo ha imaginado tal vez el organizador— está escrita la sobriedad. En todo caso, es preferible beber con discreción. A veces sucede que algún invitado, por ser abstemio, rechaza una y otra vez la bebida alcohólica, desorientando a quien pretende obsequiarle. En este caso no hay mejor solución que pedir un refresco o simplemente agua, manteniendo así una copa en la mano. Con este gesto es suficiente.

La mayor parte de los actos sociales a que somos invitados —presentaciones, inauguraciones, etc.— excluyen el compromiso del regalo. Este hecho, sin embargo, no descarta que sean los invitados quienes se lleven un recuerdo de la convocatoria. Lo correcto, en tal caso, es dejar constancia de nuestro agradecimiento por ambas cosas. El envío de una tarjeta de visita unos días después cubre esa exigencia.

Otro tipo de invitaciones —las más personalizadas— requieren su devolución, que es conveniente programar para una fecha no excesivamente lejana a la que motivó el primer encuentro. No obstante, la invitación a determinadas celebraciones, como aniversarios, onomásticas o ceremonias de adultos, sí aconsejan el envío de flores, bombones o botellas de licores selectos. El invitado ideal debe conocer qué detalle es el más apropiado a la personalidad del anfitrión que cursó la invitación.

Otro mandamiento importante para el invitado es su obligación de dar las gracias a los anfitriones antes de marcharse. Esta obligación puede verse dificultada por las circunstancias. En tal caso, lo hará por teléfono al día siguiente. Hay quien prefiere mostrarse agradecido enviando flores para la dueña de la casa. Es un gesto agradable para todos, y distingue particularmente a quien lo realiza.

Presentación en sociedad, nuevas formas

Aunque en desuso en su versión genuina, los actos de presentación en sociedad muestran actualmente rostros distintos y no dejan de existir como fiestas privadas. En su origen, la presentación de las jóvenes en sociedad tenía lugar con su primer baile y el rito demandaba vestidos largos, rigurosas etiquetas y escenarios lujosos y complicados.

Hoy día, el acto social con que las muchachas celebran su mayoría de edad, abandonando la adolescencia para ser adultas, carece de entidad propia y tiene categoría de rareza histórica. Pero ha quedado un rescoldo de esa fiesta, convertida en reunión más o menos formal que aprovechan padres, amigos y jóvenes de ambos sexos para relacionarse, conocerse y dar rienda suelta a su alegría de vivir.

El pretexto que justifica este tipo de celebración se ha adaptado a los tiempos y hoy se festeja el paso del colegio a la universidad, el inicio de las tareas profesionales o —¿por qué no?— el compromiso matrimonial de esa jovencita que de repente se ha convertido en toda una mujer.

33

Los motivos pueden ser éstos y otros, pero lo importante será el desarrollo correcto de la celebración sin que deba tener una denominación muy exacta. Esto es tan cierto como el hecho de festejar los mismos acontecimientos en la persona de los chicos y por causas similares. La presentación en sociedad ya no distingue de sexos.

Solución actual a la "puesta de largo"

Como antaño, la presentación en sociedad o "puesta de largo" se caracteriza por ser una fiesta multitudinaria, pues a los invitados de los padres se suman los amigos de la "debutante", nombre clásico de la protagonista de la celebración. El número de asistentes, por tanto, requiere el espacio necesario a un baile concurrido.

En realidad, muy pocas viviendas de hoy disponen de semejante posibilidad. Pese a existir aún algunos privilegiados con propiedades palaciegas, para el común de los mortales los salones de los hoteles ofrecen indudables ventajas, entre las que tiene particular relevancia el servicio especializado de esos establecimientos.

Fijados los pormenores de la velada, todo quedará en manos expertas, desde los preparativos hasta su desarrollo y conclusión. La comida, las bebidas, el buffet, la orquesta, los ornamentos florales e incluso el transporte de invitados: nada escapará a la especializada atención del hotel y de su personal.

Sólo así podremos dedicar nuestro tiempo a los invitados, lo que requiere buena memoria y mejor disposición.

Los detalles en la "puesta de largo"

Las invitaciones a este tipo de acontecimientos sociales deben cursarse —siempre por escrito— con un mes de antelación como poco. Teniendo en cuenta, además, que suelen —y deben— ser impresas, su encargo a la imprenta habrá de hacerse un par de semanas antes, aproximadamente. Estos tiempos, aparentemente exagerados, son los justos para realizar los pasos necesarios al fin perseguido, y éste no es otro que la obstinada persecución de la perfección.

Por parte de la debutante, el "tarjetón" con el día, la hora y el lugar de la fiesta —aquí sí es prescriptivo incluir las siglas S.R.C., pues las reservas en el hotel no deben oscilar más allá de algún imprevisto—, el aviso escrito, repetimos, puede tener un recuento previo efectuado telefónicamente por la interesada en convocar al mayor número posible de amigos.

Ese recuento previo, muy útil, lleva su tiempo y discurre paralelo a la llegada de las contestaciones formales, a las rectificaciones de última hora y a la inclusión de invitados por alguna razón descartados u olvidados en principio.

Este principio fundamental no es otro que la elaboración de la lista de invitados de los padres, de un lado, y de los invitados de la debutante, de otro. Ambas relaciones, por supuesto, darán la suma global de asistentes previstos. Pero este tipo de previsiones nunca es exacto.

De la habilidad personal de la debutante dependerá que en la fiesta haya igual número de chicos y de chicas. Del equilibrio en esa proporción puede depender la buena marcha de la velada.

¿Cómo vestirse para la fiesta?

Recordemos que la expresión "puesta de largo" hace referencia a una época en que el vestido femenino se distinguía por su longitud. En consecuencia, las muchachas que pasaban de la adolescencia a la mayoría de edad, abandonaban el atuendo juvenil y comenzaban a vestir como las mujeres adultas, es decir, "de largo".

"Puesta de largo" y "presentación en sociedad" son expresiones similares de un mismo acontecimiento social. El vestido clásico para la ocasión sólo puede ser largo, como son los modelos de noche, confeccionados generalmente con tejidos de primera calidad, diseño esmerado y estilo original. Así al menos lo desean todas las debutantes del mundo.

Ya han desaparecido de la circulación los modelos convencionales del pasado, que obedecían a criterios estrictos en cuanto al color —blanco o pastel— y a los dos únicos detalles de importancia ornamental: el fajín, de tono vivo, y la ausencia de escotes. El inconformismo de la moda y el cambio de mentalidad han logrado en poco tiempo arrinconar esos criterios formales.

No obstante, algo de lo eminentemente clásico se ha perpetuado justamente en el atuendo de los hombres, a los que se "exige" la observación de la etiqueta con mayor rigor que a las damas. Así, el esmoquin sigue siendo prescriptivo y nada tiene de extraño que el padre de la debutante aparezca luciendo un flamante frac. ¡Todo sea por la brillantez del acontecimiento!

En todo caso, los caballeros vestirán de negro y las señoras, trajes de noche largos o cortos. Hay fiestas de este género en que se especifican esos pormenores sutilmente, de forma que los invitados queden perfectamente advertidos.

Programa de mano

Las fiestas sociales que incluyen este género de acontecimientos suelen dar comienzo al anochecer. Esto supone el servicio de cena, precedida de aperitivo.

A los postres, la debutante abrirá el baile con su padre. Tradicionalmente, la primera pieza solía ser un vals, costumbre que aún se mantiene en determinados ambientes. Acto seguido el baile se generaliza y las parejas ocupan el salón de forma espontánea.

La fórmula clásica —hoy en desuso— hacía obligatorio el baile de la debutante con todos y cada uno de sus jóvenes amigos.

La fiesta bien puede prolongarse hasta el amanecer, de aquí la importancia de prever un ligero desayuno para momentos antes de la despedida.

La cena, en consecuencia, además de constituir un requisito imprescindible debe ser suficientemente sólida. Incluso no estará de más la instalación de un amplio buffet, tal vez en las proximidades de la "barra libre" para el servicio de bebidas. El buffet y la barra servirán pronto de pretexto para la concentración de los más jóvenes, que de este modo permitirán un desarrollo más sosegado a la sobremesa de las personas mayores.

Como puede verse, el programa de mano no escatima los detalles espléndidos en sus más exigentes versiones. Tratándose de una celebración irrepetible, nada parecerá excesivo a sus organizadores. El acto social será recordado por propios y extraños.

La importancia de la música en vivo

Las fiestas de debutantes, como las puestas de largo —ya sean individuales o colectivas—, tienen en común el baile de gala, bien con sus jóvenes parejas tras un solemne desfile en el primer caso, bien con la apertura del baile en el caso de la debutante. La música, por tanto, es el vehículo que pone en acción el animado conjunto de participantes.

Nada sustituye el sonido original y vivo de una orquesta, y una fiesta de cierto nivel debe contar con ella. No obstante, si las circunstancias lo impidieran, acudiríamos a la selección cuidadosa de algunas grabaciones musicales, cuyo fondo dará al ambiente cierta calidez, sobre todo si se evita cualquier estridencia.

En algunas ocasiones se aprovechan las pausas musicales de la orquesta para solicitar de su director la ejecución de determinada pieza, sin duda relacionada sentimentalmente con los padres, con los abuelos o con alguno de los amigos de ambos. También suele darse curso a ciertas sorpresas, como la distribución de pequeños obsequios, recordatorios de la celebración, juegos intrascendentes y entretenimientos cuyo objetivo no es otro que el de prolongar el buen sabor de boca que el acto ha dejado.

Las visitas, hoy

La visita ha dejado de ser una costumbre al estilo tradicional. Hoy se hacen visitas, por supuesto, pero no como hábito social, sino por razones muy concretas y justificadas.

De hecho, las "tarjetas de visita" deben su razón de ser a aquella costumbre. Cuando las personas a quienes se pretendía visitar no se encontraban en su domicilio, se dejaba una tarjeta a modo de aviso. Esto tenía tal fuerza, que los ausentes quedaban obligados a devolver la visita cuanto antes. El no hacerlo quebraba la amistad de manera fulminante y las buenas relaciones no se subsanaban sin las explicaciones oportunas.

De todo aquello nos ha quedado la actual tarjeta personal, con un uso bien diferente, incluido el de servir de presentación ante una persona desconocida a la que se desea visitar. Todo es cuestión de matices.

Lo mismo se puede decir respecto de las "salas de recibir" de otros tiempos. Ya no existen como tales espacios destinados al fin de la visita. Pero sí existen las salas de espera, los vestíbulos y el concepto de "antesala", previa a la realización de una entrevista personal. También es cuestión de matices.

Insistimos, pues, en que la visita social ya no es lo que fue. Pero aún hay visitantes y visitados, figuras ambas de las relaciones humanas que tienen sus normas de conveniencia. Veamos en qué consisten.

¿Cómo y por qué se hace una visita?

Empecemos por la oportunidad de la visita, que no debe hacerse jamás antes o después de la comida. ¿Por qué? Antes, por la sencilla razón de no impedir el normal desarrollo de la vida familiar en el momento previo al almuerzo. Imaginarse las situaciones es fácil:

puede haber niños con prisas por volver al colegio; el ama de casa está haciendo dos o tres cosas a la vez, incluidos los cuidados a los abuelos; y el cabeza de familia, "hoy justamente" ha decidido comer en casa y descansar un rato después, ya que tiene por delante un trabajo extra.

Si ha quedado claro por qué una visita al mediodía es inoportuna, la explicación de por qué tampoco lo es después del almuerzo parece obvia. Se trata, simplemente, de invertir el proceso expuesto. Y no digamos lo que puede suceder si la visita interrumpiera el sacrosanto "deporte" de la siesta...

Independientemente de la hora y de la oportunidad, hay unas normas insoslayables. La principal, la brevedad. Nadie tiene derecho a interferirse en el tiempo de los demás y menos aún a modificar horarios, hábitos o actividades, aunque entre éstas se halle la coincidencia con "ese programa de televisión" que nuestros amigos estaban presenciando.

Se visita, claro está, por razones justificadas, como en el caso de una persona enferma, recién operada o víctima de un accidente. Son situaciones extremas y por eso mismo demandan un trato exquisito por parte de quien se interesa en su estado. La brevedad aquí adquiere categoría de mandamiento. Como lo es no presentarse con niños de corta edad y mucho menos con "Yesca", nuestra simpática perrita que tanta gracia hace a todos. ¡No, por favor!

41

Recordemos, por añadidura, que son más las personas que prefieren la discreción respecto de sus enfermedades o accidentes, que la publicidad entre amigos y vecinos. Esto es válido tanto en el domicilio del visitado como en la sala de hospital donde se encuentre. ¿Hay algo más perjudicial para un paciente que el ruido, la conversación y el hacinamiento de los visitantes de turno? Piénsese que, de no evitarlo, este clima puede repetirse un día y otro.

Lo correcto es interesarse, sin duda, pero con brevedad y discreción. Pero lo más incorrecto es llevar la conversación por derroteros desagradables y dramáticos, como narrar con pelos y señales lo que le ocurrió a un familiar de un conocido nuestro en una situación parecida...

Este género de visitas debería prohibirse, y de hecho existen centros médicos que no admiten esa tortura con sus pacientes, sobre todo fuera de los horarios establecidos.

Es correcto —si el paciente entra en convalecencia— llevar un libro ameno, flores o una planta de pocas dimensiones. Pero es incorrecto presentarse con una caja de bombones, un paquete de golosinas o un juguete para el "enfermito".

Lo que tiene auténtico valor es el interés y el ofrecimiento personal en caso de precisar nuestra colaboración en algún aspecto extrafamiliar. No son momentos para obsequios.

Las visitas. Normas básicas para recibir

En la otra cara de la moneda nos vemos como visitados. Una vez conocido lo dicho para los visitantes, parecerá fácil conducirse como receptores de ese acto social.

Así pues, pese a que la visita resulte inoportuna, debemos mostrarnos hospitalarios y dar rienda suelta a nuestra amabilidad. Es incorrecto, por ejemplo, dejar el televisor en funcionamiento, lo mismo que no bajar el volumen de la música o permanecer con el periódico entreabierto, dedicándole rápidas ojeadas a la columna que estábamos leyendo. En otras palabras, cualquier signo externo de contrariedad puede acarrear un malestar sobreañadido.

Según la hora y el momento, es conveniente ofrecer a nuestros visitantes un café o un té, una copa o un refresco. Incluso se puede llegar algo más lejos y ampliar el contenido de la invitación con unas pastas o unos frutos secos.

No es correcto encerrarse en un mutismo hosco si la visita se prolonga demasiado. A veces, una distraída mirada al reloj es suficiente para avisar que nuestra paciencia está llegando al límite. Si no es así, siempre cabe aventurar una invitación a cenar..., aunque aún falte un par de horas para hacerlo. En este sentido, recordemos el "gag" cómico de aquellos visitantes que, ante las insinuaciones de los dueños de la casa, acabaron por despedirse diciendo: "Vámonos, porque estos señores querrán cenar".

Cabe la posibilidad de que la invitación sea aceptada, con lo cual —según el grado de confianza entre visitados y visitantes— la situación puede descontrolarse y derivar por derroteros imprevisibles.

Las visitas consideradas hoy rigurosamente válidas están relacionadas, de un lado, con fallecimientos y sucesos dramáticos, y de otro, con nacimientos y acontecimientos felices. En ambos extremos, pues, nos conduciremos como visitantes y como visitados en muchas ocasiones a lo largo de nuestras vidas. De los detalles de esos extremos nos ocuparemos más adelante.

El arte de regalar

Hoy día, en efecto, saber qué regalar, cuándo hay que hacerlo, cómo y en qué medida, es un arte perfectamente desarrollado, tanto como para obtener de él un título casi académico.

La Historia abunda en ejemplos de grandes e importantes regalos, desde cabezas servidas en bandeja a palacios y joyas de incalculable valor. Leyenda y realidad se confunden, magnificando el simbolismo de un acto que viene definido por el gesto de buena voluntad de una persona agradecida a quien se hizo merecedor de esa atención.

Oro, incienso, mirra, diamantes, perlas, abrigos de visón... La enumeración de todo lo fascinante, mágico y singular que es posible ofrecer sería interminable. Pero los tiempos, con la generalización de la costumbre, han logrado el milagro de convertir el regalo en algo cotidiano, bajando incluso su cotización hasta ponerla al alcance de cualquiera.

Hoy día el regalo expresa sentimientos positivos de andar por casa, como amor, amistad y gratitud, que no es poco. Mejor dicho: lo es todo. El que aún quede vivo el concepto residual de la "elegancia social del regalo", como obligación que se ha de cumplir en determinadas circunstancias, no quita valor a los contenidos mencionados.

Hay "otros" regalos de significado distinto. Son los que se materializan mediante gratificaciones extraordinarias o propinas, y manifiestan un género de agradecimiento por ciertos servicios o favores prestados. De su oportunidad o corrección es imposible hablar en términos generales, pues se trata de situaciones personalísimas y muchas veces secretas.

¿Es correcto el regalo en metálico?

El regalo en metálico —materializado en el vulgar sobrecito con dinero dentro— es ya algo común y frecuente en nuestros tiempos. Pese a la oposición de amplios sectores de la sociedad, que califican esa moda de acto frío y poco elegante, el hábito se ha impuesto en todos y cada uno de los escenarios festivos en que el regalo está presente.

¿Falta de iniciativa? ¿Falta de tiempo? ¿Falta de imaginación? Las excusas demuestran una cosa: se trata, en efecto, de *una falta* en el claro sentido de la expresión.

A nosotros corresponde, sin embargo, considerar el regalo en su más genuina versión y como respuesta a los contenidos de amor, amistad y gratitud mencionados. De hecho, son tantos y variados los momentos de nuestras vidas en que regalamos y nos regalan algo, que sólo pensar en resolver esas situaciones con "sobrecitos" produce un rechazo natural.

El regalo acertado

Tengamos siempre presente que un regalo constituye una sorpresa agradable para quien lo recibe. Regalar acertadamente culmina el deseo expresado en la intención, por lo que hay que poner en juego grandes dosis de sensibilidad, inteligencia y buen gusto. Y si a este trío de ases añadimos generosidad y oportunidad, ya tenemos todos los triunfos en la mano.

Así sucede, por ejemplo, cuando con una sencilla flor expresamos la grandeza de un sentimiento de incalculable valor. A veces, sin embargo, el regalo más costoso se hace imprescindible para expresar intereses de otro género.

En ambos casos vemos que la naturaleza y la magnitud del regalo son dimensiones relativas a unas circunstancias concretas. La evaluación de estos contenidos es personal.

¿A quién debemos obsequiar con nuestros regalos?

En principio, todas las personas de nuestro entorno "deben" ser merecedoras de esta expresión de afecto y de gratitud por nuestra parte. De no ser así, no ocuparían un lugar en nuestra existencia.

Concretando un poco, repasemos lo más cercano: la familia. Los regalos entre padres e hijos tienen un amplio calendario de ocasiones, y no es preciso relacionarlos, ya que somos capaces de recordar esas fechas clave con exactitud asombrosa, ¿no es cierto?

De hecho, los padres intercambian regalos entre ellos, ya en la fecha del aniversario de boda, en momentos entrañables o en festividades señaladas.

Otro tanto sucede entre hermanos y otros parientes, incluidos los más alejados del núcleo familiar.

Y si éstos no lo hacen, nuestra iniciativa recordándoles determinada fecha los hará doblemente felices.

Los regalos entre amigos, aunque de contenido infinitamente más libre, perpetúan esos lazos de fraternidad que convierten parte de nuestra vida en imborrable memoria de acontecimientos entrañables.

En otra página de esta misma memoria están nuestros colaboradores y personal a nuestro cargo, si es que ocupamos esa cota de la escala social y profesional.

Por último, no olvidaremos a aquellas personas que de forma fija o circunstancial nos prestan servicio y ayuda.

Tal sería el caso de la asistenta, el conserje, el vigilante del garaje o quizás el jardinero, el guarda jurado, el calefactor... Una ojeada en torno servirá para "reconocer" en un instante esa nómina de personas que de un modo u otro siempre están ahí, en la mejor disposición para darnos una mano.

¿Qué podemos regalar?

La naturaleza del obsequio dependerá siempre de la persona y del motivo que lo hacen oportuno. En cuanto a la persona, es preciso conocer sus gustos. Repetimos: sus gustos, nunca sus necesidades o faltas. Es incorrecto, en suma, regalar objetos de utilidad práctica, salvo en aquellas ocasiones en que así se solicita expresamente, como sucede en las "listas de bodas".

Naturalmente, la excepción se hace extensible al entorno familiar, donde el ama de casa, por ejemplo, insinúa que no le vendría nada mal renovar la batería de cocina.

La oportunidad es la clave del acierto en el regalo. A quien acaba de comprarse un ordenador personal, nada más oportuno que sorprenderle con un juego, tal vez de ajedrez si es aficionado. Los deportistas agradecerán los complementos propios de la práctica deportiva en que se emplean. Para los amantes de la lectura, del cine o del teatro, nada mejor que la última novedad literaria o una localidad para su espectáculo favorito.

Joyas, bisuterías, perfumes, bolsos, mochilas y mil y un caprichos de la más variada naturaleza, además de bombones, motivos florales y objetos de tocador —todo ello para ambos sexos y para todas las edades—, conforman un surtido ejemplo de curiosidades al alcance de todo tipo de economías, que el comercio especializado pone a nuestra disposición en multitud de variantes.

Por nuestra parte, recalcaremos dos aspectos que se han de tener en cuenta en todo momento y lugar. El primero se refiere a los regalos costosos, que sólo deben realizarse entre parientes cercanos. El segundo, de carácter preventivo, tiene que ver con la inconveniencia que pueden representar las flores —se enviarán únicamente a las señoras de nuestro entorno familiar— y los objetos personales —prendas de vestir sobre todo—, asimismo restringidas a un círculo íntimo y estrecho.

¿Cuándo y cómo se hace el regalo?

El regalo será siempre bienvenido, y de su recepción se podrá decir aquello de que "a nadie amarga un dulce".

En otras palabras, el regalo ilusiona tanto al que lo hace como a quien lo recibe.

Pensemos, por ejemplo, en los inesperados y en los que sorprenden. Algunos de éstos pueden no ya cambiar el tono de un día gris, sino el color de toda una vida. Así pues, lo mejor es prodigarlos, hacer de ellos una costumbre aunque se trate de pequeños detalles de valor simbólico. La satisfacción que generan compensa con creces la molestia tomada.

Además de esta recomendable espontaneidad, ya hemos señalado que hay fechas de obligado cumplimiento. Onomásticas, cumpleaños, aniversarios... A éstas hay que añadir determinadas festividades —Navidades, Reyes, Pascua...—, que se viven con mayor o menor intensidad religiosa, pero que en cuanto a obsequios y celebración, acaban por afectar a todos.

Así ocurre también con las Primeras Comuniones en países de tradición católica, actos inicialmente religiosos que se han convertido en auténticas fiestas sociales. Algunas de estas conmemoraciones ya incluyen almuerzos bien orquestados y, en consonancia, los regalos a los niños y niñas —sujetos en muchos lugares a la suntuosidad de trajes, tarjetones y reportajes videográficos— no son simples ni socorridos. Hablaremos de estos actos más adelante.

Lo importante, en cualquier caso, es poner ilusión en lo que se hace. Con ilusión y sentido común, será difícil equivocarse en la elección de un regalo. Hay que evitar, ante todo, que el obsequio dé lugar a algún género de problema al destinatario. Un ejemplo de este error sería el envío de un animal de compañía a un domicilio donde ni el espacio ni los criterios de sus habitantes admitirían semejante inconveniente. Y ello por más que hayamos oído decir a Juanito, en repetidas ocasiones, cuánto le gustaría tener un gran danés...

Hay regalos y regalos, naturalmente. Esa tabla de surfing que tanto desea tener Adela para las próximas vacaciones en la playa, se la regalaremos *in situ*, por más ventajas que ofrezcan las oportunidades de los grandes almacenes en invierno.

El deseo de agradar pasa también por la presentación del regalo, siempre en consonancia con su categoría, valor y simbolismo.

Lo mejor es tomarse el tiempo suficiente para que las precipitaciones de última hora no echen a rodar la ilusión puesta en juego. Una recomendación final: conviene guardar siempre los justificantes de compra. Sucede con relativa frecuencia que el regalo elegido coincide con la elección de otra persona, y en tal caso no es incorrecto sugerir un cambio por otra cosa del mismo valor.

También hay quien toma esta iniciativa por cuenta propia, sin necesidad de que el obsequio en cuestión esté repetido.

De proceder así, es recomendable dar una explicación a la persona que hizo el regalo, evitándose situaciones embarazosas.

¿Qué valor debe tener el regalo?

El valor de un regalo no está en su precio. Esto, aun siendo un axioma universalmente aceptado, tiene una traducción distinta para cada persona, ya sea quien da o quien recibe el obsequio. ¿Por qué?

La respuesta está en la intención perseguida con el regalo. Si éste entraña generosidad, su valor vendrá determinado por el deseo de agradar y por el interés que hayamos puesto en conocer el gusto de la persona obsequiada. El regalo, en suma, es un reflejo de nuestra personalidad.

El sentido común aconseja actuar siempre con discreción. Sería absurdo pedir un crédito bancario para demostrar públicamente nuestro interés por determinada persona, a quien pretendemos impresionar regalándole, por ejemplo, un automóvil último modelo... En tal caso estaríamos exagerando nuestros sentimientos sin otra justificación que llamar la atención.

¿Qué ocurriría a la hora de corresponder a tamaño error?

No se trata, pues, de gastar todo lo que se puede, sino algo de lo que se tiene.

Así es como se ha generalizado la solución monetaria en sustitución al obsequio material, opción que muchas parejas en vías de contraer matrimonio prefieren en lugar de la clásica "lista de bodas".

Permítasenos sugerir, al menos, que esa fórmula tan usual como poco imaginativa vaya acompañada de un pequeño disimulo, entregando los billetes o el cheque bancario en el envoltorio de una caja de bombones.

Por último, parece oportuno dejar constancia de un aspecto peculiar del regalo. Lo expondremos con las mismas palabras que utiliza un manual práctico de buenas costumbres:

"Un marido que respete las buenas maneras no debe olvidar que si regalaba flores a su novia, no debe dejar de hacerlo cuando la ha convertido en su esposa, pasando a los regalos domésticos en la mayor parte de las ocasiones."

La cita viene a resaltar el sentido que dábamos al valor del regalo, que no se mide por su precio, sino por el simbolismo que encierra.

¿Hay que agradecer los regalos?

Es incorrecto e incluso de pésima educación dar la callada por respuesta. Los regalos deben agradecerse siempre y con la mayor prontitud.

El medio de hacerlo es indistinto: por teléfono, por escrito, y esto mediante una tarjeta personal, una carta breve o una postal.

Aunque el obsequio no cumpla las expectativas deseadas o incluso decepcione, el agradecimiento no puede expresar sino eso mismo, dejando a un lado otros sentimientos.

Si el regalo es entregado personalmente, es incorrecto no abrirlo en presencia de quien lo ofrece. Si se reciben varios obsequios al mismo tiempo, hay que abrirlos todos y manifestar agradecimiento y contento sin distinción de personas, valor de los objetos o preferencias. Es incorrecto mostrar indiferencia y decepción ante los regalos entregados en propia mano por quienes los llevan.

Por último, una recomendación: nunca se debe regalar algo que nos hayan regalado a nosotros.

Por muy "práctico" que resulte acudir a esta solución de emergencia muchas veces, ni ética ni socialmente tiene justificación hacerlo, y no sólo por la sorpresa que puede producirnos un día el ver nuestros propios regalos en poder de personas distintas a quienes obsequiamos, sino —además de esto— porque tal actitud es mezquina y pone de relieve el escaso respeto que los demás nos merecen. Convivir socialmente, en efecto, tiene unas normas compuestas de pequeños detalles.

Consejos prácticos

- Las reuniones sociales son celebraciones festivas por definición. Su éxito o su fracaso dependen del estado de ánimo de los invitados. De no acudir de buen grado, es preferible abstenerse y dejar que los demás disfruten de la velada.

- Anfitriones e invitados tienen sus papeles bien delimitados y no deben confundirse. Al despliegue de atenciones de los primeros, los segundos responderán con puntualidad, corrección y buenos modales.

- Es incorrecto señalar los fallos, beber con exceso, hacer "corrillos", monopolizar la conversación, desaparecer sin despedirse, quedarse hasta que apaguen las luces, no dar las gracias por la invitación...

- Toda invitación puede tener, tarde o temprano, una contrapartida, bien en forma de correspondencia, bien con apariencia de compromiso. Invertidos los papeles, todos sabremos cómo conducirnos.

- Hay personas que parecen "convidados de piedra" o invitados eternos, a quienes jamás vemos en el papel de anfitriones u organizadores de una reunión. La convivencia social exige cierto grado de correspondencia.

- El regalo tiene la virtud de afianzar vínculos y estrechar relaciones. También estimula el amor, la

55

amistad y la confianza. Como expresión de afecto, requiere generosidad y sentido común.

- Una cosa es sorprender y otra bien distinta abrumar o crear problemas con nuestros regalos. El arte de regalar tiene sus normas, que es preciso respetar para no incurrir en errores o despistes.

Vida en Familia

2. Vida en Familia

La convivencia familiar tiene su razón de ser en la existencia de la propia familia, cuyo desarrollo viene determinado por el conjunto de acontecimientos que jalonan la vida de sus miembros. Estos sucesos afectarán de modo bien distinto a familias de corte tradicional y a familias más o menos liberadas de convencionalismos religiosos, culturales y sociales.

Nos concentraremos, por tanto, en aquellos eventos de orden general propios de nuestro entorno, cuyas pautas de conducta tienen una validez casi universal, independientemente de actitudes y creencias personales.

Bienvenida en la intimidad

Los niños hace ya mucho tiempo que, salvo excepciones, no nacen en sus casas. Los hay que incluso vienen al mundo en el interior del taxi que los traslada al hospital...

Pero lo habitual es que nazcan en una clínica y rodeados de atenciones y afecto.

Tras el duro combate del parto y una vez comprobado que todo se halla en orden, los padres ya están solos. En esos momentos de feliz intimidad, ambos darán la bienvenida a su hijo, sin testigos ni temores. El momento coincide con un hecho extraordinario: la familia acaba de nacer también, la familia ya es una realidad.

Por definición, la familia es la institución social básica. A partir de aquí, todo un conjunto de mecanismos se ponen en funcionamiento para dar a conocer al mundo el acontecimiento. El portavoz no es otro que el padre, que estrena el nuevo cargo pegado al teléfono. Comunica la noticia a los familiares más cercanos y a los amigos más íntimos. Así hasta agotar las monedas o la pequeña batería del teléfono portátil...

La información será breve y concisa, sin entrar en detalles. Incluso puede pedirse a abuelos y hermanos que la trasmitan a otros.

Es asimismo correcto enviar participaciones de nacimiento, bien mediante tarjetas impresas o breves comunicados. Suele hacerse cuando el Bautismo del recién nacido —si tal hecho ha de producirse de acuerdo a las creencias de los padres— vaya a demorarse a fechas lejanas al nacimiento. Pero si el Bautismo es más o menos inmediato, lo propio es anunciar ambos acontecimientos en el primer aviso.

Bienvenida al recién nacido

Las visitas a la madre y al recién nacido deben esperar un tiempo prudencial. Después, abuelos, hermanos y amigos íntimos lo harán de forma escalonada, sin agobiar a la madre y mucho menos interferirse en cuestiones tan delicadas como la toma de alimento, el reconocimiento médico o las tareas sanitarias propias del caso.

Si ya estaban designados, los padrinos del recién nacido tendrán cierta prioridad en cuanto a conocer a su ahijado y dedicarle sus primeros mimos, elogios y premoniciones. La emoción y la ternura correrán parejas. Son momentos dichosos y únicos, y casi todo parece permitido.

Los restantes amigos de los padres se limitarán a interesarse telefónicamente por el estado de la madre y del hijo, siendo normal y absolutamente correcto el envío de flores, tarjetas y telegramas de felicitación. Las visitas de estas amistades tendrán lugar ya en el domicilio de los nuevos padres.

En esta circunstancia podrán desbordar todas sus ilusiones por obsequiar al recién nacido con mil y un regalos, que pueden ser prácticos o no, según el grado de confianza.

Un nombre para toda la vida

Muchos adultos se lamentan de no haber podido opinar en el momento único de serles asignado el nombre que llevan desde el primer día de vida. Como los avances científicos lo permiten, el sexo del recién nacido no será seguramente una novedad cuando vea la luz. En consecuencia, es bastante probable que ya nazca con el nombre pensado y decidido de antemano. Incluso es preferible que así sea, en orden a evitar errores a la hora de efectuar la inscripción en el Registro.

Íntimamente, es posible que la madre desee poner a su hija su mismo nombre, y otro tanto puede decirse respecto del padre con su hijo. A ambos corresponde casi siempre la decisión última, al margen de los gustos y las insinuaciones de abuelos y padrinos. Pero esta libertad de elección debe tener un solo considerando: el nombre es para toda la vida.

Por añadidura, detrás del nombre propio van los apellidos, y a veces se producen cacofonías y retruécanos poco agradables, más tarde motivo de chanzas y burlas. Tal fue el caso del hijo del señor Melón, que por una apuesta de éste con unos amigos llevaba por nombre Perfecto. Los detalles se conocieron cuando don Perfecto Melón solicitó de un juez el cambio de su nombre de pila.

El Bautismo cristiano: un serio compromiso

La decisión de bautizar a nuestro hijo con el sacramento del Bautismo implica tanto como adscribirlo a unos principios religiosos y educativos de gran importancia. Se trata, pues, de un compromiso serio que no debe tomarse por costumbre ni a la ligera. De otro lado, no es coherente que personas incrédulas e incluso ateas hagan uso de esta ceremonia por mero hábito social. Corresponde a los ministros de las distintas iglesias las advertencias necesarias al respecto.

Así, la figura de los padrinos —actualmente en segundo plano, descansando la responsabilidad religiosa en los padres—, tuvo su importancia en ausencia o sustitución de éstos, obligándose moralmente a asumir el compromiso de su tutela. Liberados hoy de semejante deber, queda como anécdota el regalo anual y durante toda la vida, que los padrinos de Bautismo venían obligados a efectuar con el apadrinado.

La ceremonia en sí, también hoy revestida de sencillez y rigor religioso —suele decirse que el único con derecho a alborotar es el protagonista del acto, el bebé—, reúne a la familia y a sus invitados para un motivo gozoso. No es lugar ni situación para exageraciones en el vestido, pues todo debe discurrir con discreción y armonía.

El Bautismo ¿Hay que festejarlo?

Lejos ya aquella costumbre de no bautizar al recién nacido hasta que la madre estaba en condiciones de salir a la calle —lo que se hacía coincidir para significar este hecho—, hoy en día la ceremonia puede tener lugar incluso en la capilla del centro médico donde el bebé nació. Más aún, muchos de esos centros disponen de salones y organizadores de la posterior celebración, a la que seguramente asistirá la madre sin mayores problemas.

Se ha impuesto, por tanto, la lógica, el ahorro de tiempo y esfuerzos y, lo que muchas veces sucede, la oportunidad de tener cerca a familiares y amigos a los que tal vez no sea fácil volver a reunir. Pensemos, por ejemplo, en las dificultades que los abuelos deban vencer para acudir nuevamente a otra cita familiar.

De un modo u otro, en el salón de la clínica, en un hotel, club, restaurante o en casa, el Bautismo merece ser celebrado con todas las consecuencias, pues representa el acto cumbre de la bienvenida al mundo del nuevo miembro del clan. Contando con una variada representación de personas de todas las edades, el convite puede desarrollarse en forma de desayuno, aperitivo, semialmuerzo, merienda y hasta cena fría, con buffet incluido.

En cualquiera de esas definiciones se ofrecerán refrescos y bebidas de todo tipo —según la hora y la concurrencia—, además de bocadillos, sándwichs, frutos secos y repostería. No faltará la tarta de bautizo, cuya especializada realización llevan a cabo manos maestras de la pastelería. Los niños, naturalmente, tendrán un servicio propio compuesto de chocolate líquido, bollería, refrescos y helado.

Se ha generalizado la costumbre de cerrar la fiesta de Bautismo con pequeños recordatorios impresos, reparto de golosinas y figuritas de cerámica, que en ocasiones se envían a parientes y amigos invitados que no pudieron acudir. En los recordatorios figuran los datos del bautizado: nombre, fecha de nacimiento, peso al nacer... y hasta su nuevo domicilio. Suelen ser un derroche de buen humor y de buen gusto.

¿Qué se regala a los bebés bautizados?

Los recién bautizados tienen, naturalmente, sus regalos, por más que no sean conscientes de los obsequios a ellos destinados. Pueden serlo más tarde, si los regalos perduran o se guardan para ellos porque así lo justifique su naturaleza.

Familiares y amigos —sin olvidar a los padrinos, pese a que su papel sea ahora más simbólico— se reparten la tarea de encargar medallas de oro conmemorativas del nacimiento del bebé, que suelen ir acompañadas de cadenas o imperdibles asimismo de oro.

Estas medallas, incluidas las que muestran motivos religiosos, contienen las iniciales del recién nacido, grabadas en una de sus caras.

También se regalan cubiertos, juegos de taza y vaso de plata, así como joyas, especialmente para las niñas. Las abuelas, en particular, suelen aprovechar esta ocasión para desprenderse de unos pendientes o de un colgante de "valor incalculable", tal y como en su día hicieran sus respectivas madres y abuelas.

Como es natural, estas "herencias" anticipadas pasan a engrosar el patrimonio de la niña para un disfrute que todos desean lo más feliz y prolongado posible. Los abuelos, especialmente con el primer nieto, hacen solemne promesa de regalarle el reloj de oro que ahora lucen en la muñeca, "en cuanto el pequeño sea capaz de leer la hora".

En algunos ambientes se ha generalizado la costumbre de abrir cuentas o cartillas de ahorro a nombre del nuevo miembro de la familia, forma de contribuir al futuro —sin duda brillante y dichoso— del niño o de la niña. Del dinero acumulado a lo largo del tiempo, empezarán a disfrutar cuando cumplan la mayoría de edad.

La inscripción en el Registro

"¿Qué puede suceder si mi hijo no está bautizado?", se preguntan los padres con frecuencia. Sean o no creyentes, los padres que no deseen que su hijo reciba el Bautismo cristiano —o cualquier otro—, nada tienen que temer, al menos en el seno de sociedades laicas.

Ya hemos recalcado el carácter religioso del Bautismo. De otro lado, bien claro lo expresa el Artículo 18 de la Declaración Universal de los Derechos Humanos, que dice: "Toda persona tiene derecho a la libertad de pensamiento, de conciencia y de religión; este derecho incluye la libertad de cambiar de religión o de creencia, así como la libertad de manifestar su religión o su creencia, individual y colectivamente, tanto en público como en privado, por la enseñanza, la práctica, el culto y la observancia".

65

Eso sí, es absolutamente aconsejable que el recién nacido sea inscrito en el Registro Civil o Registro de Empadronamiento, por la sencilla razón de no cerrarle las puertas de sus derechos civiles, asimismo expuestos con toda claridad en la misma Declaración.

Ni que decir tiene que la inscripción en el Registro puede y debe dar lugar a una celebración en toda regla. A excepción de la figura de los padrinos, todo lo antedicho para el Bautismo cristiano es absolutamente válido en el caso de no existir tal ceremonia.

Primera Comunión

Como el Bautismo cristiano, la Primera Comunión forma parte de la formación religiosa de aquellos niños que siguen la doctrina Católica. Esta definición debería bastar para entender que se trata de un acontecimiento religioso y nunca mundano o folclórico.

Pero en la práctica no es así, salvando la distancia de otras épocas en que el lujo de los trajes y la magnificencia de las ceremonias convirtieron el acto en festejo de llamativas galas y costosos despliegues.

La Primera Comunión ha sufrido distintos vaivenes, y en estos momentos habría que hablar de cierta involución, sobre todo en lo que respecta al festejo que sigue a la ceremonia. Lo que en un tiempo se dio en llamar "el día más feliz" de la vida de los comulgantes, presenta hoy una cara festiva que en ciertos ambientes sobrepasa con creces lo que antes se empleaba en el interior del templo.

No obstante y pese a la influencia de los medios publicitarios, el desarrollo cultural de nuestros jovencitos debe permitirles opinar, al menos, sobre lo que desean o no quieren en "su fiesta".

Así, los vestidos largos, blancos y emperifollados que el comercio trata de imponer a las niñas, compiten en igualdad de condiciones con los trajes de almirante o de marinero que aún se ven.

Mientras tanto, parroquias, colegios y catequistas intentan implantar el sentido común, apostando por la sencillez y la sobriedad.

Al margen de esta clásica polémica en torno al vestido, ¡ir de comunión! actualmente lleva consigo un desayuno e incluso un almuerzo, por lo general en los salones de un restaurante o de un hotel. La ocasión suele requerir gastos extraordinarios en ropa y en regalos, éstos en forma de sortijas, medallas, gemelos de oro, relojes, cámaras fotográficas o de vídeo, e incluso cadenas de música.

Los amiguitos del comulgante pueden elegir obsequios de menor entidad, como libros, discos, muñecas, juegos de sobremesa..., cosas que sabrán de antemano, de acuerdo con los interesados.

La Confirmación ¿Debe festejarse?

Lo dicho para el Bautismo y la Primera Comunión debe aplicarse asimismo en el sacramento de la Confirmación, momento en que el joven creyente renueva las promesas hechas en su nombre en el Bautismo. Hasta fechas recientes, el acto tenía carácter exclusivamente religioso.

Después, la propia parroquia dio en celebrarlo por medio de una reunión de confirmados y familiares, incluyendo un refrigerio tanto para celebrantes y catequistas como para familiares y amigos de los jóvenes.

El paso siguiente consistió en festejar el hecho religioso con una comida en toda regla después del aperitivo oficial, o de una cena si la ceremonia tuvo lugar por la tarde. Como es de rigor, no pueden faltar los regalos, que en esta ocasión —dada la edad de los confirmados— suele ser en metálico y mediante entrega directa, sin más protocolo.

Es frecuente asimismo el reparto de tarjetas conmemorativas a los invitados antes y después de la ceremonia y del festejo.

La petición de mano

En todo tiempo y lugar, el matrimonio —religioso o civil— ha contado con una variada gama de ritos, creando un complejo entramado de tradiciones sociales y cul-

68

turales. En cualquier tratado de Antropología podemos encontrar variopintos ejemplos de cómo se ha interpretado el compromiso matrimonial en los distintos pueblos del planeta, desde los concertados por los padres de los contrayentes sin la participación o conocimiento de éstos, hasta los actuales, en que los últimos en enterarse son aquéllos.

Una de las costumbres de mayor arraigo ha sido y aún es la petición de mano, aunque a decir verdad ya no tiene la vigencia de antes. Lo que en otros tiempos significaba la confirmación de un noviazgo ya existente, que pasaba a ser compromiso público y oficial, se veía rodeado de gran solemnidad y constituía la puerta de los esponsales.

Era el momento en que se fijaba la fecha de la boda y los novios intercambiaban sus respectivos regalos.

La petición de mano corresponde a los padres del novio y el acto así denominado tiene lugar en el domicilio de la novia, en presencia de los padres de ésta. Los regalos tradicionales solían ser el anillo de compromiso para ella y un valioso reloj para él. En la actualidad se mantiene el intercambio de regalos, pero no la naturaleza de éstos.

De un lado, los anillos de boda o alianzas —siempre de oro y grabados en su interior con la fecha del acontecimiento— han dejado paso a objetos de mayor entidad, siendo para el novio un juego de gemelos y alfiler de corbata, un sello con sus iniciales grabadas, una obra de arte o algún capricho que él mismo haya indicado. Para la novia, una joya por lo general del mismo coste que el regalo del novio—, que suele ser una pulsera o un brillante.

En tiempos de comunicación menos abierta, éste era el momento en que se producía una conversación del novio con el padre de su prometida, exponiéndose la situación y las perspectivas del futuro matrimonio. Hoy, suegros y próximos yernos poco tienen que explicarse al respecto.

¿Cómo se participa el compromiso?

El día de la petición de mano es el adecuado para que ambas familias —abuelos, padres y hermanos— se reúnan en un almuerzo o cena y pongan sobre el tapete los pormenores de la ceremonia que juntos han de celebrar y festejar.

El anuncio a los restantes parientes y amigos de las familias se hace a partir de entonces siempre mediante el envío de un tarjetón, independientemente de los comunicados telefónicos o por otros medios que se efectúen acto seguido.

En algunos casos, la pareja opta por insertar unas líneas de aviso en las "Notas de sociedad" de los periódicos, a veces acompañadas de una fotografía y de los datos personales de ambos.

Las participaciones de boda se envían una vez fijada la fecha de la ceremonia, el templo en que tendrá lugar —en el caso de matrimonio religioso— y el lugar elegido para el posterior festejo.

Dicha notificación solía estar encabezada por los nombres y apellidos de los padres del novio y de la novia. Hoy es corriente que sean los propios contrayentes quienes, en nombre propio, participan su enlace a familiares y amigos. Este modo informal de hacerlo confiere a la participación un carácter menos riguroso.

La participación —lo que familiarmente conocemos por "tarjetón"— puede incluir la invitación a los actos posteriores a la ceremonia, lo cual se especificará con todo detalle. Pero es posible que sólo sea un comunicado de que tal acontecimiento tendrá lugar, excluyéndose dicha invitación por razones que no es preciso indicar.

Esta invitación suele imprimirse en tarjetas de menor tamaño y se envía solamente a las personas a las que se hacen extensivos ambos actos.

Es oportuno y correcto el envío de participaciones e invitaciones —ya hemos dicho que ambas informaciones pueden ir juntas en una sola tarjeta— con la antelación necesaria para que su comunicado sea efectivo. Además de los invitados a la boda que deban desplazarse desde otros lugares, hay que pensar en el tiempo que todos necesitan para ocuparse de la ropa que han de lucir y de los regalos que sin duda presentarán.

Detalles de buen gusto

Los tarjetones impresos no dejan de ser fríos e impersonales, por más que en ellos figuren los nombres y apellidos de los comunicantes. Un encabezamiento escrito a mano, en cambio, dará al mismo documento un carácter distinto, más entrañable.

Bastará, pues, con que el novio y la novia —o bien por separado si se trata de los invitados de uno o de otra— escriban el nombre del destinatario, tal vez precedido de una breve frase de cortesía, como: "Mi querido amigo", o algo similar. En todo caso, la firma y rúbrica de los contrayentes puede bastar para dar un toque personal a la invitación.

De buen gusto es asimismo escribir a mano el sobre, con el nombre y la dirección del destinatario. Y de igual modo debe hacerse con las tarjetas dando las gracias por los obsequios recibidos.

En estas tarjetas, naturalmente, ya figurarán los datos del nuevo matrimonio, es decir: sus nombres, señas y número de teléfono.

"Lista de bodas", un práctico invento

Aún no han cesado los elogios y parabienes a este invento, cuyo autor debería disfrutar de la fama que tal iniciativa merece.

Las "listas de bodas" o listas de regalos, vinieron a evitar no sólo la acumulación reiterada de multitud de inútiles objetos en el flamante domicilio de los nuevos esposos, sino el quebradero de cabeza que la elección de esos regalos suponía para parientes y amigos.

Si acertar con un obsequio ya es de por sí cuestión de suerte, no digamos lo que puede suceder haciéndolo a ciegas.

A ciegas, en efecto, parecían haberse conducido los compradores de tanto jarrón —a veces en parejas—, de tanto juego de té y de café, de tantas jarritas para la cerveza y de tantísimos candelabros, estuches para joyas, pitilleras, objetos de escritorio, libros sobre "Vida sexual sana" y demás... estorbos.

Depositadas en uno o varios establecimientos —cuya referencia se da a conocer, con discreción, a los invitados— las listas de regalos exponen de forma práctica lo que los contrayentes desean recibir como obsequio. Ni más ni menos. Bastará, pues, consultar esas relaciones y los precios de los objetos seleccionados, para salir de dudas y quedar como los propios ángeles.

¿Es correcto el regalo en metálico? La verdad es que se ha generalizado esa costumbre y hay quien la explica en razón de la falta de tiempo para consultar la lista de bodas o, en otra vuelta de la espiral, que los obsequios más asequibles de la lista de bodas se agotan el primer día.

73

Pero el regalo en metálico tiene una segunda lectura aún menos delicada: la apertura de una cuenta bancaria en la que los invitados ingresan el importe equivalente al obsequio.

No obstante esta velada censura a lo que ya es habitual, aún es más criticable el paseo de los recién casados por entre las mesas del salón, recibiendo en mano y solapadamente los sobrecitos de los rezagados.

¿Qué hacer en caso de ruptura?

La ruptura de un compromiso matrimonial en las puertas de su celebración supone, cuanto menos, un hecho incómodo y seguramente doloroso para una de las partes. Procede el anuncio inmediato de la ruptura —en ocasiones en forma de aplazamiento—, cosa que corresponde hacer, por este orden, a los propios interesados, a los padres o a una persona designada por ambas familias de común acuerdo.

En todo caso, lo más indicado es que los interesados comuniquen el hecho a sus respectivas familias, así como a amigos e invitados, sin necesidad de dar explicaciones sobre las causas de la ruptura. Esta comunicación debe hacerse por escrito.

Pero si el aviso por correo no llegara a tiempo, la cancelación de la boda debe darse a conocer telefónicamente o mediante telegramas. Es preceptiva la devolución de los regalos, especialmente si estos tienen un valor estimable.

¿Quién corre con los gastos?

Salvo acuerdos de distinta naturaleza, corresponde a los padres de la novia el coste del vestido, el tocado y el ajuar de ésta, además de las participaciones e invitaciones, recepción después de la ceremonia, arreglos florales, música y otros, entre los que puede estar el alquiler del coche para ella, si es necesario.

A la parte del novio corresponde el importe de alianzas y ramo de la novia, el viaje de "luna de miel" y la compra o el alquiler de la vivienda de la pareja, o bien los muebles y enseres domésticos imprescindibles.

Naturalmente, estas obligaciones formales sufren las lógicas variaciones por cuando, en la práctica, tanto los gastos de la boda como los correspondientes a la instalación de la pareja suelen ser compartidos de común acuerdo, en un caso, o asumidos en mayor proporción por aquella de las partes que mejor puede hacerlo.

Discusiones

Participaciones y lista de invitados suelen ser causa de discusiones por parte de los novios y de sus familias. Si los presupuestos están muy ajustados, la selección de personas se ajustará también al límite que las circunstancias imponen.

No obstante, los olvidos involuntarios suelen tener malas consecuencias y hay quien no lo perdona. Los novios, una vez que han indicado el número de invitados por parte de ambos, dejarán en manos de sus padres la tarea de completar la lista de asistentes, tanto a la ceremonia como a la celebración posterior. Se evitarán así discusiones y posibles malentendidos que sólo servirán para enturbiar lo verdaderamente importante.

La ceremonia paso a paso

Puesto que los prolegómenos de toda boda tienen validez a partir del momento en que hay acuerdo acerca de la forma de la ceremonia —religiosa o civil—, de la fecha y hora y del acto social posterior, los pasos siguientes se apoyan en una sola norma: evítese la improvisación.

Nada más coherente y apropiado que el interés de los contrayentes por los pormenores de su ceremonia matrimonial, que estudiarán con todo detalle para que nada falte ni sobre. La música, los adornos florales, la distribución de los asistentes... Incluso la búsqueda de un lugar adecuado a los gustos de ambos, ya con relación al templo o al salón donde se reunirán después con sus amigos.

Los novios deben mantener una o más charlas con el párroco de la iglesia elegida —así es hoy prescriptivo en el seno de las iglesias cristianas—, e incluso conocer al sacerdote que los unirá ante el altar. En una de esas entrevistas, pueden averiguar qué tipo de obsequio o donativo conviene más a la parroquia.

Si el templo elegido para la ceremonia está alejado del lugar habitual de residencia de los novios, tal vez un amigo de éstos puede establecer esos contactos previos y fijar los detalles; pero sólo en el caso de que ellos no puedan hacerlo personalmente.

El cortejo ¿Cómo debe formarse?

Los invitados a la boda son los primeros en llegar y acomodarse en el interior del templo o de la sala del Registro Civil, si la ceremonia no es religiosa. Corresponde luego al novio hacer su entrada, que efectuará dando el brazo a la madrina. Mas tarde comparecerá la novia, del brazo del padrino. El que madrina y padrino sean la madre y el padre de la novia y del novio, respectivamente, fue prescriptivo hasta fechas recientes.

Si la novia cuenta con pajes —portadores de los anillos y las arras, allí donde éstas son habituales— y damas de honor, ambos grupos la precederán en su avance hacia el altar, momento en que debe sonar la marcha nupcial.

Los bancos principales de la derecha corresponde ocuparlos por los familiares del novio, en tanto los de la izquierda son para los parientes de la novia. Ante el altar, los novios estarán acompañados de los padrinos en el siguiente orden: padrino, novia, novio y madrina.

Concluido el rito, los novios y los testigos por ellos designados proceden a la firma del registro eclesiástico o del acta civil, iniciándose a continuación el desfile hacia la salida del templo o de la sala, a cuyo final aguardarán para recibir las felicitaciones de los asistentes.

La "lluvia de arroz" —símbolo de fertilidad y buenos deseos para los recién casados— se ha generalizado de tal modo que, si falta, alguien pensará que la boda no fue completa...

El festejo nupcial

Si el festejo nupcial tiene lugar inmediatamente después de celebrada la boda, los novios hacen su aparición en el salón cuando ya los invitados se han acomodado. Si la reunión cuenta con orquesta, la marcha nupcial solemnizará el momento. Haya o no fondo musical, lo que sin duda no faltará es el aplauso y los vítores de los presentes.

Si entre la ceremonia y el inicio de la recepción festiva discurre un tiempo indeterminado —varias horas, por ejemplo, lo cual se habrá anunciado oportunamente—, serán los novios y sus familiares más cercanos quienes reciban a sus invitados, saludándolos a medida que lleguen.

Aperitivo, almuerzo, merienda o cena, lo importante del convite es el ambiente, de un lado, y la calidad de los manjares, de otro, antes que preparaciones culinarias complicadas o extravagantes.

De no quedar restringido el festejo a un número reducido de familiares, lo habitual es contar con los servicios de un restaurante o de un hotel, cuyo personal especializado presentará diversos menús o carta de entremeses, primeros y segundos platos, postres y bebidas, todo ello de acuerdo al presupuesto.

La única precaución que se ha de tener en cuenta se relaciona con la presencia de personas con un régimen especial de alimentación, lo que es conveniente conocer con la suficiente antelación para introducir los cambios necesarios.

Un festejo nupcial no será completo sin tarta de bodas y sin música, aunque esto último sea aleatorio. El corte de la tarta tiene su rito y corresponde a los novios hacerlo juntos, tomando ambos el instrumento cortante —un largo cuchillo y a veces una espada— con las manos unidas en señal de concordia. El servicio de las porciones recae en los camareros, nunca en los novios.

Costumbres poco acertadas

La ocasión parece propiciar ciertos excesos que es preciso desterrar. Ni que decir tiene que la puntualidad es una cortesía ineludible. Presentarse en un festejo nupcial después de los novios sólo es justificable por causas mayores. Por otro lado, hacerlo con una indumentaria inapropiada puede suscitar enfados y molestias. Los recién casados quieren que su fiesta sea perfecta en todos los sentidos y a ello han de contribuir de forma especial los invitados.

Si es prescriptivo que los regalos se hagan antes de la celebración, no hay excusa alguna para romper esta norma y esperar al festejo para entregar un obsequio. Esto es extensible a la entrega de dinero, como ya hemos señalado anteriormente.

Deben evitarse las vulgares incitaciones a que los novios se besen tras los brindis o en cualquier otro momento, así como otras "gracias" por el estilo. Una de éstas consiste en cortar la corbata del novio con objeto de subastar los trozos o repartirlos a cambio de un donativo que es preciso depositar en una bolsa o un sombrero de copa, salido de nadie sabe dónde.

La presencia de niños de corta edad es asimismo evitable, tanto por las atenciones permanentes que demandan como por la imposibilidad de mantenerlos quietos en su sitio más de lo imprescindible. El correteo de estas criaturas por entre las piernas de camareros e invitados, siempre es un espectáculo lamentable que desluce la brillantez que los novios desean en su día. Pueden ocurrir accidentes que alguien debe prever, y para ello nada mejor que acudir al festejo sin los pequeños.

El que la novia deba bailar con todos los varones e incluso dejarse besar por ellos —en ocasiones abusivamente—, forma parte de un raro folclore aprendido de las películas que en algunos ambientes se impone por no se sabe qué razón. Este género de familiaridades puede quedar restringido, en todo caso, a los hermanos y amigos íntimos de los recién casados, cuya intimidad y decoro exigen el mayor respeto.

¿Cómo vestirse para la boda?

Es posible eliminar todo vestigio o exigencia respecto de la etiqueta. Pero lo que no se puede hacer es cometer errores. Ignorar ciertas normas sociales es frecuente y no condena a nadie. Hacer mal uso de lo establecido por la convivencia social, siempre admite una rectificación, al menos, que subsane el error.

Si la boda tiene carácter formal, el novio lucirá chaqué o frac, según la hora: chaqué por la mañana y frac por la tarde. Es asimismo correcto el traje oscuro y en ningún caso desmerece. Pero jamás debe emplearse el esmoquin para casarse.

De acuerdo al mismo criterio, los invitados llevarán también chaqué o traje oscuro, siendo el atuendo del contrayente el que marque la pauta oportuna. Nada más chocante que unos invitados de rigurosa etiqueta en una boda en que el novio viste de calle, es decir con traje.

81

Las damas, en cambio, rivalizarán en su apariencia sin exageraciones y en pos de su mayor elegancia. El único tono que les está vedado es el blanco, que se reserva para la novia, haga o no uso de él en su vestimenta. Según el nivel de la boda, las señoras estarán o no obligadas a lucir sombreros de ceremonia; pero lo correcto es que los lleven. Sólo se recomienda discreción y buen gusto en la elección del modelito.

La libertad, la fantasía y la ilusión se aliarán con la novia en la tarea de vestirse y lucir en todo su esplendor. La longitud del vestido —largo y con velo, o corto y sin él, entre algunas de las múltiples posibilidades—, los adornos, el ramo, las perlas, los complementos... Todo lo que compone esa maravillosa imagen habrá sido motivo de largas consultas familiares y de amigas, así como pretexto de correrías sin fin por establecimientos y modistos especializados.

Lo único aconsejable es no caer en brazos de una originalidad excesiva que parezca extravagancia.

El viaje de "luna de miel" ¿Es imprescindible?

Un viejo dicho asegura que para que las cosas vayan bien, los recién casados no deben permanecer más de un cuarto de hora con sus invitados.

Al margen del contenido supersticioso de esta sugerencia, inocente por demás, la tradicional huida de los novios viene dada tanto por su deseo de estar "al fin solos" como por la urgencia de ultimar los preparativos para el viaje de bodas, también llamado de "luna de miel". Si los pasajes y las reservas se hicieron para una hora concreta de ese día o del siguiente, lo lógico es que los interesados abrevien su presencia entre los invitados.

La despedida, por tanto, suele producirse después de la distribución de la tarta y una vez consumido el último café, la última copa y el último brindis con champán o cava. Acabados estos ritos —incluido el primer baile de los novios si es preceptivo—, puede darse una segunda reunión de los recién casados con sus amigos íntimos, en una sala contigua a la principal.

Son los mismos que la víspera o un par de días antes estuvieron juntos en la llamada "despedida de soltero", que actualmente celebran los novios y las novias con sus respectivos amigos y compañeros de trabajo.

Éstos son los prolegómenos del viaje de "luna de miel", de cuya necesidad, conveniencia y oportunidad no es posible establecer pautas generales, pues todo dependerá de lo acordado por los contrayentes bastante antes de su unión. Así pues, son las circunstancias particulares de cada pareja las que determinan si ese viaje es imprescindible o no.

A veces sucede que la sorpresa sustituye la carencia o escasez de medios, siendo un regalo de última hora que los padres hacen a sus hijos.

Segundos matrimonios. Ceremonias y detalles

Las segundas nupcias, bien por viudedad de uno de los miembros de la pareja, bien por divorcio, tienen hoy un tratamiento y un protocolo muy semejantes al del primer enlace, tanto si éste fue religioso como civil. No obstante, conviene observar algunos detalles.

Veamos, en primer lugar, el matrimonio de una viuda. En este supuesto, las participaciones de boda irán encabezadas con los nombres de los contrayentes. Pero también pueden figurar los nombres de los padres, pues nada se opone a esto. Formalmente, la viuda no debe llevar velo ni flores de azahar.

Asimismo es prescriptiva la ausencia de pajes o damas de honor. Pero ambas reglas quedan hoy al criterio de los novios.

En cuando al vestido, las normas de otros tiempos han quedado definitivamente anuladas y el único precepto está relacionado con la edad de la novia, aconsejándose discreción sobre todo si ella no es muy joven.

El segundo supuesto —el matrimonio de un viudo—, demanda pocas variaciones. Pero si se casa con una joven soltera, ella podrá —y deberá— llevar velo y azahar, si así lo desea, además de pajes y damas de honor.

Si la ceremonia tiene carácter formal, él vestirá chaqué. En cualquier caso, el traje oscuro cubre perfecta-

84

mente toda exigencia. Respecto del banquete nupcial, de los regalos y demás pormenores, todo será exactamente igual que si se tratara del primer enlace.

Hasta hace poco se observaba un detalle "de respeto" con la alianza del primer matrimonio, que se llevaba hasta el día antes del segundo. Hoy esto no deja de ser una anécdota, que referimos por mera curiosidad. En todo caso, las alianzas de las segundas nupcias deben ser nuevas, pues recordemos que en su interior llevan grabada la fecha del enlace.

Fechas que hacen historia

Aniversarios. La celebración de los aniversarios de boda cada año suele hacerse en privado, si bien algunos matrimonios lo festejan con sus hijos. Olvidarlo, por supuesto, es imperdonable.

Lo clásico en estos casos es una comida o una cena especiales, la asistencia a un espectáculo y... el regalo de aniversario, valioso o simbólico, según las circunstancias. La renovación de las promesas hechas aquel memorable día será la mejor prueba de que la convivencia matrimonial discurre por buen camino.

Bodas de plata. Se celebran cuando el matrimonio cumple veinticinco años y son, por ley natural, las que más frecuentemente se conmemoran. En algunos lugares se ha implantado la costumbre de festejar este acontecimiento de forma colectiva, reuniéndose todas las parejas que cumplen las bodas de plata el mismo año. Mediante el establecimiento de un fondo común, estos matrimonios llevan a cabo un programa que puede incluir un viaje, la estancia turística en un lugar pintoresco durante un fin de semana, por ejemplo, y reuniones para cenar y bailar en establecimientos previamente concertados al efecto.

En todo caso, las bodas de plata suelen contar —tal vez en el mismo sitio donde tuvo lugar el festejo de boda— con algunos de los invitados de entonces, y en esa nueva reunión hay tarta nupcial, baile y regalos, todo ello si las circunstancias lo permiten. En este último apartado, suelen ser habituales los obsequios en que la plata interviene.

Bodas de rubí, de oro y de diamante. Son las que conmemoran, respectivamente, los cuarenta, los cincuenta y los sesenta años de matrimonio. Las primeras —las de rubí— no disfrutan de mucha popularidad, pese a que poco a poco se van introduciendo, sobre todo porque las siguientes, las bodas de oro y de diamante, no son demasiado frecuentes.

Las de rubí, en consecuencia, parecen suplir lo que tal vez el tiempo y la edad no permitan.

La celebración de las bodas de oro y de diamante suele recaer en los hijos y lo apropiado es una reunión de carácter familiar alrededor del veterano matrimonio. Pero no es infrecuente que sean ellos mismos los que festejen su largo trayecto por la vida juntos de distintas maneras. Permítasenos recordar aquí aquello de que el corazón siempre es joven...

¿Qué salvaremos en caso de ruptura?

Toda celebración implica alegría y los fracasos no se celebran. Ambas afirmaciones no impiden que haya quien festeje por todo lo alto "su libertad". Lejos de entrar en cuestiones moralizantes, digamos que lo correcto —en caso de ruptura— es cruzar dignamente la frontera entre el ayer y el mañana, sin olvidar ni descomponer nuestros buenos modales.

Es aconsejable, asimismo, no complicar la vida a los demás, llevando a cabo las "batallas" legales con serenidad y mejor criterio. Nada entorpece más el acuerdo de ruptura que la intervención de familiares y amigos, que tenderán a tomar partido por uno de ambos. Lo mejor es dejar los pleitos en manos expertas y quedarse en un segundo plano.

Hay que evitar a toda costa discusiones, insultos y reproches, especialmente si hay hijos por medio. Convertirlos en "objetos" arrojadizos es peor aún que servirse de ellos para justificarse, y esto resulta aún más deplorable que utilizarlos como testigos. Corresponde al matrimonio asumir el fracaso de su convivencia y sobrellevar noble y dignamente la nueva situación.

87

Momentos luctuosos

La desaparición de un ser querido supone un duro trance por el que hay que pasar, y el sentimiento de la pérdida justifica el trastorno anímico que sin duda sufriremos. No obstante, con el fallecimiento de una persona surgen determinadas tareas y disposiciones de orden práctico que es preciso llevar adelante.

De no hacerlo personalmente, algún familiar o amigo íntimo tomará a su cargo esas funciones, como el aviso a los servicios funerarios, el encargo de esquelas y de recordatorios, la comunicación a los parientes más cercanos, entre otras.

Con todo género de delicadeza, los amigos se ofrecerán para colaborar en trámites y pasos burocráticos, sin insistencia ni ofuscación por ser útiles en momentos en que la sensibilidad puede hallarse alterada.

Por parte de las personas directamente afectadas, lo correcto es avisar cuanto antes a parientes y conocidos, ya sea telefónicamente, por telegrama o correo urgente. Se tratará así de informar de lo ocurrido con tiempo suficiente para que todos puedan asistir al entierro o a los actos religiosos —si los hubiera— posteriores.

Si el desenlace estaba dentro de lo previsible, es correcto adelantar el aviso, especialmente a los familiares próximos al enfermo por si desean verlo aún con vida.

¿Se lleva aún el luto?

Ciertamente, el luto ha caído casi en desuso, al menos con el rigor y las exigencias de orden social de otras épocas. No obstante, aún es habitual en muchos lugares del mundo la observación del luto en consonancia con lo que al respecto mantienen las costumbres y los modos tradicionales.

Es casi obligado, en cambio, que viudas y viudos, padres y madres e hijos e hijas, vistan de negro para asistir a entierros y funerales. No hay normas para los restantes asistentes, si bien es asimismo frecuente que todos vistan con cierto rigor, lejos de etiquetas y más lejos aún de colores llamativos y ropas exageradas.

Se considera poco correcto que las damas luzcan joyas en este tipo de acontecimientos. Llevarán lo que el sentido común sugiere, estando ciertamente fuera de lugar la bisutería y cualquier demostración ostentosa.

Funerales agotadores

Las únicas normas generales y aconsejables en la asistencia personal a los funerales son: discreción, brevedad y sinceridad.

Discreción en el comportamiento, brevedad en dar el pésame y sinceridad en las manifestaciones de dolor o pesar.

Muchos funerales resultan agotadores, en efecto, tanto por el trance que afecta a las personas directamente implicadas como por la indiscreción y el posicionamiento de quienes hacen suyo el triste momento y se conducen sin el control necesario.

Así suele suceder con los viejos amigos que se encuentran en esas ocasiones, cuya charla interminable y cargada de anécdotas resuena con eco odioso para quienes se hallan sentimentalmente heridos.

Las visitas de pésame sólo se harán una vez sabido que la familia del difunto recibirá a los amigos con ese fin. Hay que averiguar asimismo qué momento será el más adecuado para efectuarlas.

Es incorrecto presentarse de improviso y más aún ahondar en vivencias o recuerdos que la propia familia quiera olvidar.

Disposiciones finales

Pese a su desaparición de la escena protocolaria, aún se encargan y se envían los tradicionales recordatorios, hoy distinguidos por la discreción y el buen gusto.

Su elaboración dio lugar en otras épocas a recargados modelos impresos con inclusión de imágenes, cruces, orlas y pormenores de barroca ejecución.

Actualmente —si se hacen—, son sencillas tarjetas donde consta el nombre del fallecido, la fecha de su defunción y algún versículo de la Biblia o breve poema de circunstancias.

La aparición de signos místicos o de otros grafismos dependerá de las creencias religiosas de la familia implicada en su encargo y distribución.

Si no hay recomendación en contra por parte de la familia, es correcto el envío de ramos y de coronas de flores. Estas últimas se envían a nombre del difunto, nunca de la familia, cuyo apellido puede figurar a continuación.

Las inscripciones en cintas y blondas deben ser sobrias y concisas, evitándose leyendas enigmáticas o de contenido anecdótico que llamen la atención.

Los comunicados de agradecimiento por las condolencias recibidas pueden hacerse en la prensa local, lo mismo que la notificación previa del fallecimiento.

En todo caso, nadie está obligado a agradecer las muestras de pésame ni la asistencia a los actos fúnebres, una por una, a las personas asistentes.

En estas situaciones lo que de verdad cuenta y contará será el afecto y la amistad sinceros que se muestre por los afectados, no la apariencia ni el mero cumplimiento de un compromiso social.

Consejos prácticos

- La convivencia familiar está llena de acontecimientos que suponen momentos importantes para sus protagonistas.

- Vivir intensamente esos acontecimientos equivale a darles trascendencia y colaborar a su desarrollo para bien de todos.

- En su andadura compartida, los miembros del clan familiar alcanzan cotas de madurez física y espiritual, cuyo reflejo se verá en aquellos acontecimientos que jalonan la existencia paso a paso y día tras día.

- Tolerancia, comprensión, delicadeza, sentido común y buenos modales, forman el conjunto de valores éticos en que se apoya la armonía familiar, soporte a su vez de la sociedad en su más pura expresión.

- La sociedad humana se ha otorgado obligaciones y deberes de cuya observación depende el entendimiento social, religioso y cultural de los pueblos.

- La educación y la cortesía de unos con otros evitan confrontaciones innecesarias y propician la comprensión de todos.

- Las normas de convivencia no son restricciones a la libertad de nadie, sino códigos de conducta que ayudan a saber qué hacer y cómo comportarse en cada momento. De su conocimiento puede depender que seamos o no aceptados en determinados ambientes y circunstancias.

El Día a Día:
Ambiente Laboral

El Día a Día: Ambiente Laboral

El tercero de los ámbitos de nuestra convivencia con los demás es el laboral o profesional. De hecho, el trabajo ocupa buena parte de nuestro tiempo y a todos nos relaciona de una forma u otra.

La vida útil de las personas comprende periodos muy concretos de nuestra existencia, y esa dedicación práctica no siempre discurre exenta de dificultades y de situaciones conflictivas. Más bien sucede todo lo contrario. Pero lograr que el ambiente en que desarrollemos nuestra actividad profesional sea agradable, sólo depende de nosotros, al margen de problemas, cambios y discusiones.

Negocios, empresas, industrias y tareas tienen por objetivo común el mantenimiento de la actividad laboral de sus jefes, administrativos, trabajadores y empleados, sin otra distinción —al menos en teoría— que la capacidad profesional de estas personas y el buen desempeño de las funciones a ellas asignadas.

Una parte importantísima de este entramado descansa en la adaptación de unos y otros a los objetivos marcados por la propia sociedad.

En este capítulo vamos a analizar qué prioridades competen a los distintos componentes del mundo profesional y cómo deben desarrollarse sus relaciones de convivencia. En todo caso, los escenarios escogidos son válidos para otros ambientes de trabajo y la aplicación de normas y sugerencias requeriría tan sólo un cambio de decorado.

Evitemos la crispación

La norma básica de cualquier actividad descansa en el sosiego que toda tarea requiere para su buena marcha. Así pues, nuestro primer consejo es que se debe trabajar de forma relajada, evitando la crispación, el nerviosismo y la inquietud.

Un clima tenso y cargado de preocupación, sólo dará errores no siempre subsanables con la repetición de la tarea.

El jefe evitará toda brusquedad en el trato con sus empleados, y éstos procurarán asimismo no mostrarse huraños. Si un trabajador cree que es objeto de un trato inapropiado, lo mejor es buscar la ocasión de exponer sus razones a la persona más indicada.

Hacerlo, además, con buenos modales y mucha calma, ayudará sin duda a aclarar la situación.

Actuar con buenos modales no quiere decir humillarse o adoptar posiciones serviles. Pero mostrarse maleducado, hosco o soberbio tampoco es indispensable para acceder al puesto de jefe.

La crispación es seguramente el mayor enemigo de la convivencia laboral. Cuando hace acto de presencia, las relaciones están llamadas a enturbiarse.

Arriba y abajo, pero juntos

Las relaciones laborales de larga duración, como en el caso del jefe y sus secretarias, tienen esa característica porque suelen trabajar juntos muchas horas al día y a veces durante largos años. Si existe además la figura de la secretaria personal —secretaria de dirección u otra clasificación—, ésta suele servir muchas veces de enlace entre el jefe y los demás empleados, con lo que su responsabilidad se acrecienta.

Esta clase de relación laboral, lo mismo que la que se establece entre compañeros de trabajo, acaba siendo intenso e incluso amistosa, y sólo dará buenos frutos en la medida en que se mantenga la cordialidad entre ambos, evitando todo género de familiaridades que den lugar a interpretaciones equívocas. La cortesía no debe distinguir posiciones de arriba y abajo, y la normalidad presidirá el trato cotidiano sin rigidez ni extralimitaciones.

La actitud impersonal con jefes, clientes y proveedores, no impedirá que la secretaria sea amable y correcta con todos. De otro lado, conocer qué debe hacer en cada momento, formará parte de su oficio. Así, la concertación de citas, el desvío de llamadas telefónicas poco oportunas en un momento dado, la recepción de visitas o su anuncio y el que éstas se sientan cómodas durante la espera, serán facetas que la secretaria o el secretario sabrán llevar a cabo porque tales funciones les competen de manera directa. Pero el hacerlo correctamente forma parte de esa pátina de diplomacia que toda persona dedicada a tales servicios debe poseer.

Teoría de la perfección

A la cuestión de si existe la secretaria ideal habría que oponer la de si existe asimismo el jefe soñado, situaciones ambas que forman parte de la teoría de la perfección. Veamos en qué consiste.

Además de las cualidades antedichas, la secretaria debe poseer las habilidades necesarias para desarrollar su trabajo de oficina con eficacia e inteligencia. Por añadidura estará dotada de ciertas virtudes, como el tacto y la discreción, que completarán otras características más complejas. Llamamos así a aquellas funciones que sólo el instinto ayuda a desempeñar y que se relacionan directamente con los detalles personales que el jefe desea.

La secretaria ideal sabrá, por tanto, guardar ciertos secretos, reconocer situaciones reservadas e incluso cómo cambiar en cordial un asunto que se presenta borrascoso.

Si a esto añadimos que el jefe sea consciente de que su secretaria no es un robot, sino un ser humano sólo dedicado a su tarea, las relaciones irán por el mejor de los derroteros.

La teoría de la perfección verá cumplidos sus postulados si el jefe tiene siempre presente el amor propio de sus subordinados, a los que jamás pedirá nada que no forme parte de sus obligaciones. En el caso concreto de la secretaria, ella no aceptó el trabajo para ocuparse luego de los asuntos privados del jefe o de los compromisos sociales de éste, como hacer compras y encargarse de tareas familiares.

Todos tenemos vida privada y ésta comienza a partir del momento en que nuestras ocupaciones profesionales terminan. Así pues, los trabajos urgentes y las horas extraordinarias deberán tener su recompensa, bien en forma de regalo, de sobresueldo o de permiso extraordinario cuando la ocasión lo requiera. Pero aún así, lo correcto es preguntar previamente si ese trabajo puede hacerse y si la dedicación extra no provoca algún género de trastorno.

¿Colegas y amigos?

Las diferencias entre jefes y empleados o subalternos no deben impedir el normal desarrollo de la actividad laboral. En la práctica, sin embargo, es fácil que la antipatía que inspira el gerente de personal, por ejemplo, sea un obstáculo para que todo discurra cordialmente. Pero cordialidad no significa amistad, sobre todo si ese gerente de personal no hace nada por arreglar las cosas, achacándole esta responsabilidad en nuestro ejemplo.

La amistad entre colaboradores, colegas o compañeros de trabajo se da, de hecho, en empresas o negocios donde existen empleados de "larga duración", y se hace extensible a los directivos en la misma medida en que el trato cotidiano propicia ese sentimiento. No obstante, la amistad de unos y otros no debe modificar las decisiones que deban adoptarse. El profesional de cualquier rama de actividad debe saber distinguir entre lo privado y lo meramente laboral. La amistad, necesariamente, pertenece al primero de estos terrenos, el privado.

También las simpatías ciegas o desbordadas pueden generar situaciones de abuso o de privilegio. Ese mismo gerente de personal, afectado de preferencias por determinada persona, puede perjudicar a otras y dar lugar a conflictos imprevisibles. El trato de favor constituye una injusticia de signo contrario al rechazo y ambos aspectos enrarecen las relaciones de convivencia laboral.

¿Amigos y colegas? Sí, pero...

Jefes y ejecutivos

La presencia de la mujer en puestos de máxima responsabilidad ha dejado de ser noticia hace ya tiempo. Y decirle a una mujer que siga las mismas normas que rigen para los hombres en la misma situación, es una notable estupidez. La cortesía, los buenos modales y la inteligencia carecen de sexo, de aquí que toda advertencia sobre posturas predeterminadas resulte irrelevante.

100

"Mano dura. Demuéstrales que estás capacitada para tu trabajo", solía recomendarse a *la pobre* ejecutiva que debía ponerse al mando de un grupo de subalternos. Hoy, por fortuna, la mayoría de los hombres ya no ponen en duda la capacidad de una mujer al frente de un negocio, en una consulta médica, en un despacho de abogados o entre los miembros de un comando operativo de las Fuerzas Armadas.

Si ella es el jefe —la jefa dirán "ellos"—, tal vez pueda notarse un cambio favorable en los modales, pero ningún otro en cuanto a eficacia y responsabilidad, si ella está bien dotada para el ejercicio de su cometido. Galanterías aparte, el compañerismo deberá presidir actos y decisiones, quedando a un lado añejos comportamientos que nadie echa de menos. Los derechos y deberes de los empleados y trabajadores son indistintos al sexo de quien ejerce el mando en una organización dada.

Por parte de la directora, jefa o ejecutiva, bastará que demuestre que trabaja como cualquier otra persona para derribar las susceptibilidades residuales de algún despistado.

El protocolo y la convivencia laboral

Hay ocasiones en que es preciso aplicar normas y preceptos en la convivencia laboral, en aras de lograr los objetivos previstos con mayor eficacia. Así sucede en determinado tipo de reuniones, asambleas, juntas o consejos de administración, en que la observancia de un protocolo facilita las cosas y evita equivocaciones engorrosas. En toda reunión de importancia debe existir un respeto riguroso a las jerarquías, materializado principalmente en la disposición de los lugares que ocuparán los participantes.

Así, el encargado de la organización de ese tipo de actos se ocupará de hacer llegar la notificación de la convocatoria con tiempo suficiente, especificando fecha, lugar y hora. Asimismo, pondrá a disposición de los interesados la documentación previa a la reunión para que todos conozcan los pormenores que la promueven: lo que en términos burocráticos se llama "orden del día", dando lugar a la preparación de comunicados y notas de debate.

Toda reunión tiene una presidencia y corresponde al presidente la tarea de conceder la palabra a las personas convocadas, siempre de acuerdo al turno establecido o en atención a las solicitudes de intervención efectuadas antes o durante el desarrollo de la asamblea. Al presidente se le atribuyen determinados poderes, entre los que cuenta el control de las intervenciones, las llamadas al orden y la evitación de discusiones violentas y posibles altercados.

En la sala de reuniones

La sala donde tienen lugar las reuniones de dirigentes y ejecutivos puede ser una simple habitación dotada de una mesa —redonda o rectangular—y tantas sillas como personas deban asistir. Por supuesto, las hay mucho más espectaculares, lujosas y provistas de los más avanzados medios técnicos. Pero lo que ciertamente interesa de una de estas salas es que sea confortable, que posea buena iluminación y que permita tomar notas o realizar grabaciones sin mayores dificultades.

Dicho esto, el resto dependerá de la formalidad del acto que se ha de celebrar, cuyo orden será el que determinen sus responsables. Se tendrá en cuenta la presencia de personas de otros países que no conozcan el idioma en que la reunión se desarrolle. Esta situación es frecuente en congresos o seminarios internacionales, en cuyo caso suelen existir servicios de traducción simultánea a la intervención de oradores y ponentes.

Si las reuniones se prolongan más allá del tiempo previsto, el organizador deberá prever las pausas necesarias para un breve descanso, la toma de café, té, refrescos, bocadillos, etc., e incluso para fumar un cigarrillo, en la seguridad de que en el interior de la sala no estará permitido. A veces, sin embargo, estas situaciones imprevistas suelen compensarse con la invitación a un almuerzo o cena, que el presidente hace extensiva a los convocados.

La única recomendación que se ha de tener en cuenta en ese tipo de actos es la puntualidad. Si en la vida social es signo de buena educación, en el mundo laboral significa respeto a los demás. Y no sólo a las personas, sino al tiempo de éstas y lo que representan. La máxima inglesa de que el tiempo es oro no ha perdido un ápice de su valor original. Al contrario, la cotización del tiempo —y del oro— continúa en alza.

"Donde fueres, haz lo que vieres"

Los viajes de negocios o profesionales, al margen de sus causas, son ocasiones propicias para cuidar nuestro comportamiento social. Las normas de cortesía, de respeto a los demás y a las costumbres de personas ajenas a nuestro entorno habitual, facilitarán el trato con éstas y la marcha de los asuntos que nos hayan llevado fuera.

Nuestros interlocutores juzgarán sin duda con mayor interés nuestra misión si no incurrimos en desaires o errores injustificables por el hecho de ser extranjeros. Para evitar situaciones desagradables, lo aconsejable es informarse tanto de las costumbres del país que se visita como de los hábitos de las personas con las que se establecerán contactos y relaciones.

Es importante asimismo el aprendizaje de las frases más frecuentes en el idioma del país que se visite, si es que no se domina completamente su lengua. Además de un diccionario manual, de bolsillo, conviene llevar anotados o memorizados saludos y expresiones de cortesía, útiles a la llegada, a la hora de tomar un taxi o desenvolverse en hoteles y medios de transporte, por ejemplo.

Las costumbres y formalidades presentan a veces sensibles diferencias de un país a otro, pero nunca de tal magnitud que no puedan ser asimiladas y acatadas. Esto se logra por medio de una información sucinta y actualizada que huya de los tópicos. Existen, a este respecto, multitud de "Guías" a disposición de los viajeros a cualquier país del mundo, con especificaciones tan amplias y concretas que lo difícil parecería no saber desenvolverse.

Sólo en el caso de ambientes culturales diametralmente distintos, pueden surgir algunos desfases. Tal sería el caso del traslado a países musulmanes y orientales, cuyas costumbres observan ciertas diferencias con respecto a las occidentales. Veamos con detalle estas situaciones.

Normas que se han de tener en cuenta en países árabes

Sabido es que en el mundo islámico, la religión influye poderosamente tanto en la vida privada como en la convivencia social. Así, los países musulmanes tienen establecido el descanso semanal los viernes, de modo que estamentos oficiales, oficinas de administración pública y demás organismos, mantienen sus puertas cerradas ese día. En la vida cotidiana, sucede lo mismo que en cualquier país occidental durante el domingo o cualquier otra festividad oficial.

El Ramadán tiene un mes de duración, que los creyentes emplean en oraciones y sacrificios, entre los que está el ayuno. No comen, en efecto, durante el día —y tampoco fuman—, pero eso no impide que desarrollen sus actividades normalmente. Sería, por tanto, incorrecto invitar a comer a un musulmán durante el Ramadán. Pero sí es correcta la invitación a cenar, una vez puesto el sol.

Conviene saber que en una mesa árabe se utiliza sólo la mano derecha, quedando la otra oculta. De hecho, jamás debe aparecer sobre el mantel. Las personas zurdas no están libres de esta norma. Para un invitado extranjero no hay mejor recurso que imitar el modo de conducirse de sus anfitriones.

El papel social de las mujeres árabes está muy limitado por las leyes, de forma que no será fácil para un extranjero establecer relaciones de negocios o de carácter oficial con ellas, porque poseen pocas oportunidades fuera del ambiente doméstico. Esto se hace extensible incluso a las relaciones de amistad con las esposas de un hombre de negocios musulmán.

En este sentido, toda cautela es poca para evitar posibles malentendidos, ofensas y susceptibilidades.

Hay que eludir preguntas y planteamientos de orden personal o íntimo. El interés por la familia o por alguno de sus miembros, especialmente esposas e hijas, deberá tener carácter general, nunca personalizado. El dueño de la casa agradecerá que se le pregunte por sus hijos varones e incluso por la casa, cuyo elogio colmará sus aspiraciones.

Japón ya no es aquel mundo aparte

La conquista de Occidente por parte de Japón tiene ya más de medio siglo de impresionante historia, y ya no es aquel lejano Imperio del Sol Naciente de la leyenda, casi inaccesible y poco menos que invulnerable en sus hábitos. Pero hoy el intercambio comercial, social y cultural circula en ambas direcciones con idéntica velocidad.

Los extranjeros que visitan Japón suelen quedar un tanto perplejos con los ceremoniosos japoneses. Pero es preferible adaptarse a ellos que intentar la menor alteración de sus costumbres. Una de ellas es la calma con que afrontan cualquier situación, especialmente si ésta es de negocios.

Se considera poco menos que incorrecto e impropio de personas civilizadas el plantear un asunto de interés en la primera entrevista. Eso de "vayamos al grano", tan común en Occidente, carece de sentido en una reunión donde se traten asuntos de importancia. No hay que sorprenderse, por tanto, si en el curso del primer encuentro se habla de todo menos de lo que hayamos ido a plantear.

No es una novedad para nadie que los japoneses —y los orientales en general— no emplean el apretón de manos o los abrazos cordiales para saludarse. Lo hacen mediante inclinaciones respetuosas y de significado variable: a mayor inclinación, mayor respeto. En consecuencia, los besos en las mejillas y otras demostraciones

107

de sincero afecto, carecen de posibilidad de ser bien comprendidos.

Jamás utilizan, salvo en la intimidad, el nombre de pila, y cuando se dirigen a otra persona emplean el primer apellido seguido del vocablo *San*, que significa señor. Son amigos de celebrar frecuentes circunloquios, tanto entre ellos como con sus huéspedes, sobre todo en las relaciones profesionales, intercambios de información y planes que se ha de desarrollar.

De la comida y otras costumbres, ya casi nada es desconocido fuera de sus límites geográficos, pues la cultura nipona disfruta de una extensión tan amplia como familiar. Bastará con echar una ojeada a nuestro alrededor para reconocer hasta dónde ha llevado esta "invasión".

Recomendaciones generales

Aunque el viaje a otro país sea breve, es aconsejable hacerse imprimir tarjetas de visita y profesionales de doble cuerpo, de forma que en una de sus caras aparezcan los datos relevantes en el idioma del país que se va a visitar. Así, en la doble cara figurarán esas referencias en inglés, alemán, japonés, chino, árabe... Se sobrentiende, claro está, que son juegos de tarjetas distintos para cada idioma.

Es correcto tanto el intercambio de regalos como la presentación de un obsequio procedente de nuestro país y con destino a la persona o personas con quienes nos entrevistaremos en primera instancia. Lo mismo cabe decir de las invitaciones. Son opciones que bien empleadas pueden contribuir al éxito perseguido.

En la mayor parte de los países orientales, las negociaciones suelen ser lentas y tediosas, según el punto de vista de los occidentales. No conviene, pues, desesperar si las respuestas no son inmediatas ni tajantes. Los orientales gustan de contemplar todos los matices de una negociación o de un trato, y sabrán sacar el mayor partido posible a toda muestra de impaciencia.

Conviene tener presente que los árabes no comen carne de cerdo ni beben alcohol. Si en nuestras relaciones con ellos hemos de actuar de anfitriones, sería incorrecto incitarles al consumo de bebidas alcohólicas aun sabiendo que hay excepciones a la norma. Pero un musulmán siempre tratará de mostrarse fiel a sus principios delante de un extranjero.

¡Cuidado con las frases hechas!

Ya hemos señalado la importancia de conocer el idioma del país que visitamos. Pero en caso de un viaje de negocios, no es conveniente fiarse de las propias fuerzas si ese conocimiento no es absoluto.

La contratación de un intérprete habituado a realizar la traducción en uno y otro sentido es entonces imprescindible.

Actualmente se recurre al inglés, idioma que, siendo el segundo más hablado en el mundo —el primero es el chino—, se ha impuesto en las relaciones internacionales. No obstante, el conocimiento de uno o varios idiomas no es sólo un signo de cultura; también resulta elegante, permitiendo tomar parte en ambientes distintos y servir de medio entre personas que tienen dificultad para entenderse.

La introducción de chascarrillos y frases hechas en la conversación debe ser cuidadosa en extremo. Esto es válido tanto cuando se habla en la lengua propia como cuando se emplea la de nuestros anfitriones.

Hay expresiones que no se entienden fuera del país de donde son originales y otras que tienen su oportunidad, de tal modo que expuestas sin esa oportunidad ni en el contexto apropiado, pueden resultar absolutamente nefastas. De no darse la explicación que determinada frase hecha de doble sentido requiere —y esto no siempre es posible—, hay muchas probabilidades de quedar mal e incluso en ridículo, pues muchas palabras en apariencia inocentes tienen en otro país significados equívocos y hasta terribles.

La información como recurso

Nadie debe viajar a un país distinto al suyo sin incluir en su equipaje ciertas dosis de información sobre la historia, la cultura, la política y la sociedad de ese lugar. De igual modo, es importante ponerse al día respecto del "quién es quién" del país, tanto de sus personalidades más relevantes como de sus intelectuales, artistas, científicos y deportistas.

Asimismo, ayudará en las relaciones interpersonales un conocimiento somero de aquellos acontecimientos de proyección internacional en los que el país visitado se halle involucrado. Tener una opinión formada acerca de sucesos y hechos de actualidad, no sólo es prueba de interés por lo que ocurre, sino también signo de distinción.

Con todo, lo que nunca debe hacerse es ser "más papista que el Papa", es decir, caer en la tentación de pontificar o dar lecciones que pongan de manifiesto nuestra "altura". Nada es más contraproducente y molesto que el hecho de vernos juzgados o criticados por los de fuera. Apliquemos siempre esta máxima tanto si somos visitantes como si somos visitados.

El recurso de la información ha de comprender también este tipo de pormenores. En caso de ignorancia respecto de lo que en un país determinado sucede, la opción más plausible es la de interesarse sinceramente, sin exageraciones ni aspavientos.

¿Cómo hay que actuar socialmente?

Las costumbres sociales propias pueden no ser aceptadas en otro país, de aquí la importancia de informarse a tiempo para evitar equivocaciones. Presentarse a un almuerzo como invitado, portando un ramo de flores, una botella de licor o un obsequio para el pequeño de la casa, puede tener diversas interpretaciones, una de ellas, por ejemplo, la de que se intenta sobornar al anfitrión porque con éste tenemos un negocio entre manos y ésta es la razón fundamental de nuestro viaje.

Esa imagen daríamos, tal vez, si por añadidura el obsequio fuera ostentoso y de elevado coste. Pero existen otros condicionamientos de índole cultural muy a tener en cuenta.

El dicho popular según el cual "no es conveniente nombrar la soga en casa del ahorcado", es perfectamente aplicable al disgusto que daríamos a un hindú regalándole un objeto de cuero, pues la vaca es un animal sagrado para él y para los suyos.

Es correcto recibir obsequios por parte de las personas que nos tuvieron por huéspedes, que en ningún caso debemos rechazar. El agradecimiento será inmediato y no hay que plantearse corresponder con otro obsequio de iguales o parecidas características. Esto estaría fuera de lugar e interpretarse como poco elegante.

Lo indicado en estos casos es dar curso a un esporádico intercambio de postales o de notas, recordando los momentos disfrutados en compañía de nuestros anfitriones en el país de éstos. No olvidemos que la convivencia laboral o profesional puede servir de vehículo a la amistad y al estrechamiento de lazos afectivos.

112

Significado de las invitaciones

En las relaciones interprofesionales, las invitaciones suelen tener un significado distinto a las consideradas meramente sociales. Por lo general, se invita por un motivo, no por una razón de provecho. Veamos en qué consiste la diferencia.

En el mundo de los negocios, las invitaciones se hacen porque son necesarias. Las causas de esta necesidad son muy concretas: atención a un cliente, entendimiento con la competencia, establecimiento de programas de actuación... Hay, además, otros motivos, como presentación de productos, celebración de muestras y exposiciones, obtención de galardones, "ruedas" de prensa, etc.

No obstante, estas invitaciones de carácter general aún adquieren un sentido más personal cuando la reunión —¿por qué no de trabajo?— tiene lugar en torno a una mesa de comedor. La distensión y el grado de cordialidad se acrecientan de tal modo que pronto quedan en olvido las diatribas mantenidas poco antes en la oficina.

Tanto es así que nadie ignora lo que puede conseguir y allanar un desayuno, un almuerzo o una cena de trabajo, donde el invitado está llamado a recibir únicamente impresiones favorables y positivas.

Tanto para abrir como para cerrar un asunto de importancia, los implicados verán las cosas con otros ojos si antes o después son comensales en la misma mesa.

113

De acuerdo a un baremo difícil de establecer, podemos apuntar que la formalidad o informalidad de una invitación guarda estrecha relación con la trascendencia del asunto que se ha de tratar. Así, las comidas eminentemente prácticas serán cortas y rápidas, mientras que las cenas con espectáculo incluido obedecen a operaciones relevantes.

En estas últimas es frecuente la presencia de los cónyuges y de otros invitados, lo que sitúa el acuerdo alcanzado en la categoría de acontecimiento. En tal caso, la velada resultará inolvidable para todos.

El desayuno de trabajo

Se puso de moda entre los ejecutivos anglosajones hace ya un par de décadas, y esto debido sin duda a las características del llamado en muchos sitios "desayuno inglés". Lo que distingue este desayuno de los demás no sólo es la cantidad de alimentos de que consta, sino su duración, que puede ser de una hora o más.

Si el desayuno abundante y bien dosificado —en cuanto a calorías y nutrientes— es fundamental para afrontar las tareas del día, el intercambio de opiniones y la planificación de asuntos de interés tiene en esa reunión matutina su mejor marco. El escenario ideal para un desayuno de trabajo puede ir desde un rincón adecuado en la propia oficina, hasta un reservado en un establecimiento público. El espacio sólo requiere que sea acogedor y poco ruidoso.

Al margen de los temas que se han de tratar, el desayuno puede incluir todo cuanto forma parte de lo que solemos llamar "desayuno fuerte": huevos, bacon, quesos, salchichas, cereales, tostadas y algo de bollería, acompañado de café, té, leche y zumos, especialmente de naranja. La hora apropiada, según lo acostumbrado, no debe sobrepasar las nueve de la mañana. En cuanto a su desarrollo, el ambiente ha de ser distendido y exento de formalidades y etiquetas.

Pormenores de una comida de trabajo

Se sobrentiende que después de una comida de trabajo hay que volver a la tarea. Así pues, la primera condición de esta reunión en torno a la mesa es que el almuerzo no sea copioso. De otro modo, fácil será que nos quite las ganas de seguir trabajando, con lo que el objetivo previsto por sus participantes habrá fracasado.

El lugar puede incluso improvisarse en la sala de reuniones de la propia oficina, si es que ésta no dispone de un comedor para ejecutivos, o en una salita. En todo caso, siempre hay un restaurante tranquilo en las proximidades del centro de trabajo o un club privado en donde hacer una reserva.

En el primer caso —almuerzo en la oficina—, recurriremos a una empresa dedicada a este tipo de servicios, o bien a un restaurante conocido y con experiencia en esos cometidos.

El menú puede consistir en un ligero aperitivo seguido de un consomé, ensaladas o purés; un único plato de carne o pescado, preparado sin muchas complicaciones —tal vez al horno o a la plancha—; fruta de postre y café. No se aconsejan las bebidas alcohólicas, si bien una copa de vino durante la comida es perfectamente tolerable. Este tipo de almuerzo debe distinguirse antes por la calidad de los productos que por la cantidad.

En cuando a su duración, una comida de trabajo —sea cual fuere el motivo que la justifique— no debe exceder las dos horas como mucho. Exento de otros formalismos que la cordialidad y el respeto al turno de intervención —recordemos que se habla mientras se come, y viceversa—, lo habitual es prescindir de todo protocolo.

Un alto en el camino

En la mayor parte de los centros de trabajo se observa la costumbre de hacer un alto en el curso de la mañana, cuyo objeto es el de tomar un ligero tentempié en el mismo lugar de trabajo. Este refrigerio puede consistir en un bocadillo, sándwich o producto similar, acompañado de café, té o refrescos.

Por su misma concepción, la pausa en el trabajo no excederá de la media hora, —quince minutos es lo habitual— y en ningún caso debe bloquear avisos y llamadas telefónicas. Se trata de un simple descanso para reponer fuerzas.

116

Cuando el "alto en el camino" tiene lugar por la tarde, es aconsejable acudir a tomar el café o el té a un establecimiento cercano, teniendo entonces un margen de tiempo más amplio, no excediendo la hora de duración.

En estos casos, siempre es preferible que el centro de trabajo disponga de un lugar propio y dotado de lo indispensable para evitar abandonos no siempre oportunos.

De igual modo se ha generalizado el hábito de reunirse "a tomar unas copas" una vez finalizada la jornada de trabajo. Esto se suele hacer en un bar o club de ambiente agradable, donde de manera absolutamente informal se comentan las incidencias del día o se habla de lo que el próximo hay que hacer de forma urgente, por ejemplo.

De no existir una razón que lo justifique, el coste de la consumición debe ser repartido entre los compañeros, que en algunas ocasiones optan por jugárselo, dándose así un estímulo y un motivo de sana competencia. Este tipo de reuniones informales no debe prolongarse más de una hora.

Invitaciones en compañía

Las comidas y cenas de negocios que incluyen al cónyuge tienen carácter especial. En ese tipo de reuniones están sin duda presentes los asuntos profesionales, pero son ocasiones propicias para afianzar relaciones y estrechar lazos amistosos.

Son más frecuentes las cenas, pues permiten mayor distensión y pueden prolongarse sin agobios de horarios o de otros compromisos.

El responsable de la invitación elegirá un buen restaurante, en un lugar de fácil acceso y con servicio de estacionamiento de vehículos controlado por personas especializadas. Cuidará asimismo todos los detalles, desde el menú y la selección de vinos, hasta la presentación de la mesa y la eficiencia del personal.

Puesto que lo que se persigue es agradar y agasajar a los invitados, lo de menos será el precio que estos objetivos tengan. Siempre es preferible acudir a establecimientos conocidos o de referencias bien contrastadas.

Organizar una reunión de "alto nivel" en un lugar desconocido, puede costar bastante más que la factura.

Están fuera de costumbre las cenas de negocio en el domicilio de quien invita. No obstante, aún se celebran en favor de una mayor intimidad.

En este caso, además de los asuntos tratados, se plantean relaciones más estrechas que son inicio o confirmación de una amistad más duradera y exenta de obligaciones interesadas.

De los pormenores de este género de reuniones hemos tratado al principio y lo único que varía es el tema principal de conversación.

Invitación de fin de semana

La invitación a "pasar un fin de semana"—seguramente en las afueras de la ciudad— como anfitriones de
unos amigos o colaboradores, nos convierte en responsables de un conjunto de deberes. Para empezar, sólo haremos dicha invitación si disponemos de espacio e instala-
ciones suficientes para ellos. Nada hay más deplorable
que la improvisación de dormitorios o el establecimiento
de turnos para el cuarto de aseo, por ejemplo, creando
situaciones incómodas para todos.

La programación del tiempo de nuestros invitados
debe incluir el que ellos adopten algunas decisiones por
su cuenta, lejos de agobiarlos con visitas o proposiciones
inusuales. Extremar la cortesía origina a veces tensiones
innecesarias.

Si nuestros invitados llegan en autobús o en tren, estará bien poner un coche a su disposición u ofrecerse a con-
ducirlos en un eventual paseo por los alrededores.

En caso de organizar una fiesta en su honor, cuidare-
mos de seleccionar a los otros invitados, de forma que no
coincidan personas de ideas o actitudes radicalmente
opuestas. Si la invitación incluye la posibilidad de
encuentros de interés profesional, este cuidado será
doblemente exquisito.

Obsequiar a nuestros huéspedes con lo mejor, parece
lógico. Pero si además ponemos a su alcance, en la inti-

119

midad del "cuarto de invitados", un pequeño servicio de bar —con aquellas bebidas que sabemos son de su agrado—, libros y revistas, flores, golosinas y otros detalles —incluido tal vez un receptor de televisión—, qué duda cabe que haremos aún más grata la estancia de nuestros amigos.

La convivencia profesional discurre hoy por este tipo de proposiciones y muchos asuntos de interés se consolidan cuando hay posibilidades de plantearlos en escenarios distendidos.

Estos recursos propios de las "relaciones públicas" son perfectamente válidos y forman parte de esa ciencia humana moderna, siempre en proceso de renovación. No en vano existen los expertos en "RR. PP." allí donde la actividad profesional demanda su presencia para el mejor desarrollo de la convivencia laboral.

El atuendo: un cuidado imprescindible

El directivo, hombre o mujer, debe vestir siempre de tal modo que pueda presentarse a una reunión imprevista, asistir a un almuerzo de trabajo o presidir un acto de homenaje al trabajador cuya jubilación se celebra en la propia oficina, por ejemplo. Con esta rápida exposición de motivos queremos significar la importancia del vestuario de un ejecutivo, cuya sobria elegancia será la característica esencial de su atuendo en todo momento y lugar.

La moda femenina para las mujeres ejecutivas ha creado modelos de traje de chaqueta específicos. Pero esto no debe ser obstáculo para el uso de vestidos camiseros de buena calidad, así como una hábil combinación de prendas y complementos que den sensación de variedad en el gusto y en la elección.

Tal vez la única precaución que se ha de tener en cuenta sean las pieles, que de ser excesivamente ostentosas pueden ocasionar opiniones negativas. Otro tanto cabría decir de las joyas, reservadas para cenas de gala y compromisos profesionales de "alto nivel".

En cuanto a los hombres, la formalidad de su atuendo ha registrado importantes novedades respecto a calidad y comodidades. Pero aún continúa siendo imprescindible cierto rigor en cuanto al traje, la corbata y los modelos clásicos de abrigos y gabardinas.

Cada momento tiene, naturalmente, sus exigencias y todo ejecutivo, hombre o mujer, está obligado a disponer de un vestuario acorde a las funciones que deba desempeñar en su cargo.

El último punto tiene que ver con el "otro traje", es decir, el vehículo que refleja nuestra posición social. Quiérase o no, se trata de un aspecto muy personal, pero no libre de las miradas y las críticas de colegas, amigos y colaboradores del ejecutivo. En este sentido, como en todo lo expuesto anteriormente, lo aconsejable siempre es huir de ostentaciones innecesarias. En realidad, cada directivo utilizará el vehículo que pueda costearse y la clásica lucha por ver quién conduce el último modelo, puede ser síntoma de otras preocupaciones que poco o nada tienen que ver con la convivencia.

Consejos prácticos

- La convivencia laboral afecta a todos y cada uno de los miembros de un medio profesional, sea cual fuere su dedicación. La cortesía no está reñida con la eficacia ni con las exigencias propias de cada función.

- No hay mejor maestro que el ejemplo. El trato entre personas de distinto nivel profesional vendrá establecido por lo que se haga en el punto más elevado de la pirámide hasta el último escalón.

- Siempre se ha dicho que para saber mandar hay que saber obedecer. Una reunión de trabajo dará resultados nulos y contraproducentes si el máximo responsable no sabe mantener el orden con firme cortesía.

- Cortar enfrentamientos dialécticos y violentos compete a quien ostenta la autoridad. Saber ejercerla a tiempo y con moderación, es un arte que todo directivo debe practicar.

- Escatimar esfuerzos a la hora de agasajar a clientes y colaboradores es una mala inversión. Hacerlo ostentosamente y con despilfarro de medios, dará una pésima imagen.

- Las Relaciones Públicas son un arte y una ciencia. Conocer sus postulados y aplicarlos oportunamente cuesta menos que un solo error debido a la improvisación.

123

Pág.

3. El Día a Día: Ambiente Laboral